El cerco de Bogotá
Santiago Gamboa

EDICIONES B
GRUPO ZETA

Barcelona • Bogotá • Buenos Aires • Caracas • Madrid • México D.F. • Montevideo • Quito • Santiago de Chile

1.ª edición: septiembre 2003

© Santiago Gamboa, 2003
© Ediciones B, S.A., 2003
    Bailén, 84 - 08009 Barcelona (España)
    www.edicionesb.com

Por acuerdo con Dr. Ray-Güde Mertin, Literarische Agentur,
Bad Homburg, Germany.

Printed in Spain
ISBN: 84-666-0871-0
Depósito legal: CO. 866-2003

Impreso por GRAFICROMO
Polígono industrial Las Quemadas (Córdoba)

El cerco de Bogotá
Santiago Gamboa

A Eduardo Febbro de Página 12 *y RFI.*
Por los peligros compartidos.

El cerco de Bogotá

I

Bryndis Kiljan, corresponsal de guerra del *Ferhoer Bild* de Reykjavik, comprendió que había bebido más de la cuenta al abrir los ojos y notar dos cosas: que no estaba en su habitación, en primer lugar, y en segundo que estaba desnuda. Intentó recordar algo pero su mente, maltrecha, se negó a responder, y por un instante el dolor de cabeza se mezcló con un devorador sentimiento de culpa. Entonces se dio vuelta pero no vio a nadie en la cama, lo que le produjo un cierto alivio. A los pies de un pequeño sofá vio sus calzones y sobre la alfombra el resto de la ropa. El aire olía a cigarrillo y a vodka, también a sudor. Sintió náuseas. «¿Quién habrá sido?» No podía recordar. La memoria le llegaba hasta el final de la cena, cuando fue a beber con un grupo de periodistas recién llegados a Bogotá. Sobre la mesa vio un empaque rasgado de condones Durex y pensó, con alivio, que aun en medio de las más espantosas borracheras sabía mantener las prioridades.

De pronto escuchó un ruido en el baño: alguien bajaba el agua de la cisterna y se lavaba las manos. Supuso que al abrirse la puerta conocería la identidad de su amante, pero cuando esto sucedió quedó aún más intrigada. Era Eva Vryzas, fotógrafa de la agencia *Komfax*, de Lituania.

—Hola Bryndis —dijo Eva, también desnuda—. ¿Tienes dolor de cabeza? Caray, anoche bebiste como una prostituta de Minsk. Olvidaste tu número de habitación y no encontré la llave en tu cartera, así que te traje a la mía.

—Pero... —dijo Bryndis— ¿por qué estoy desnuda? ¿acaso...?

—No, no te preocupes —respondió Eva—. Los condones no tienen nada que ver contigo. Los usé yo. Estabas tan profunda que ni te diste cuenta. Quien me ayudó a traerte se detuvo un poco conmigo. Pesabas tanto que tuve que dar algo de propina, je je.

—¿Quién fue?

—Bueno, eso es secreto profesional —dijo Eva—. En realidad, estás desnuda porque insististe en ir al baño antes de dormir. Pero nadie te tocó, créeme. Por cierto que fue divertido hacerlo al lado tuyo. Sentí que eras solidaria. Roncabas.

—La verdad es que no me acuerdo de nada —dijo Bryndis.

—Yo preferiría no acordarme —repuso Eva—, pero tengo un ardor muy fuerte. El de anoche era una verdadera bestia, un chimpancé con miembro de elefante.

El ruido seco de un obús las devolvió a la realidad. Entonces volvieron a escuchar el eco de los tiros. Las ráfagas.

—¡Arriba! —se animó Eva—. La guerra nos espera.

Bryndis se levantó viendo estrellas y maldiciendo. Luego fue a su bolso y extrajo una polvera.

—¿Quieres?

Se metieron cuatro rayas de cocaína, aún desnudas, con los rubios cabellos húmedos del sudor de la noche, y luego intentaron poner algo de orden en el cuarto. No podían abrir las ventanas para que saliera el vaho agrio del alcohol, el sexo y los gases orgánicos, pues los francotiradores, apostados en los edificios cercanos al cerro, podrían verlas. Casi nunca disparaban hacia el hotel, pero no había por qué darles la oportunidad de hacerlo por primera vez. Afuera los colombianos se mataban y las dos mujeres, bellas periodistas, célebres por sus notas aguerridas, estaban en muy mal estado. Eva extrajo un tubo de crema, se llenó los dedos con un líquido baboso y lo esparció en la parte interna de sus muslos, adquiriendo, de inmediato, una expresión de alivio. Bryndis encendió un cigarrillo, tomó un sorbo de vodka de una botella semivacía, olvidada debajo del sofá, y se preparó otra raya de polvo blanco.

—Voy a ducharme a mi cuarto —dijo Bryndis—. Gracias otra vez. Eres una buena amiga. ¿Qué tal va eso?

—Mejor, ya está pasando.

—¿No vas a decirme quién...?

—Fue agradable mientras lo hacía —respondió Eva—. Pero no te lo diré, a menos que sea necesario.

—Me alegro de que ya no te duela. Nos vemos luego.

El corredor del hotel Tequendama, a esa hora de la mañana, era una espectral galería de luces y sombras. Alguien había cubierto los ventanales con tela asfáltica de modo que no se viera hacia adentro, pero el sol se colaba por las comisuras creando chorros de luz que parecían rayos artificiales, linternas al fondo de una caverna.

La ciudad estaba sitiada hacía siete meses. Las fuerzas de la guerrilla habían logrado tomarse la zona sur de la ciudad, estableciendo un frente en la avenida de los Comuneros, lo que les daba el control de un tercio de Bogotá, y, sobre todo, de la Autopista Sur; por el occidente habían entrado hasta la avenida Boyacá y una parte de los cerros de Suba, y por el oriente hasta los cerros de Guadalupe, Monserrate y El Cable. Por el norte, las primeras trincheras estaban en el Tercer Puente. Bogotá estaba cercada. Al menos tres millones de capitalinos habían huido hacia las regiones gubernamentales, es decir las zonas costeras del Caribe.

Desde las posiciones altas de los cerros, con nidos de ametralladoras y lanzagranadas, obuses y bombonas de gas repletas de tuercas —un arma no convencional, deplorada por los enviados de Naciones Unidas, que la guerrilla seguía usando en recuerdo de los inicios del conflicto—, los subversivos tenían un control estratégico de todo lo que sucedía en Bogotá. El ejército se defendía con las uñas, pero las armas escaseaban. El gobierno había huido a Cartagena de Indias y mantenía diálogos de paz con el secretariado de la guerrilla, aunque reinaba el pesimismo. La aviación, cada tanto, bombardeaba las posiciones de la guerrilla en los cerros y esto traía breves periodos de calma, pero les era imposible soltar bombas sobre los frentes urbanos.

Los paramilitares, que peleaban con milicias civiles contra la guerrilla, pero también contra el ejército nacional, se habían tomado el aeropuerto El Dorado y, de hecho, la prensa internacional debía obtener de ellos un visado para aterrizar en Bogotá en cualquiera de los aviones de Naciones Unidas que traían el suministro de ayuda humanitaria. De la zona bajo su control se oían cruentas historias que Bryndis y Eva habían transmitido a sus respectivos medios de prensa: sindicalistas colgados de la lengua en los postes, líderes comunales emasculados, profesores de izquierda fusilados después de horribles torturas: uno de ellos con el pene seccionado por cuchilla de afeitar, algo que, por primera vez, hizo vomitar a Bryndis.

En los frentes directos de guerra entre los paramilitares —llamados «paras»— y la guerrilla, también se veían horribles atrocidades. Los paras habían inventado una catapulta con la cual podían lanzar, a cuatrocientos o quinientos metros de distancia, cadáveres sobre la zona enemiga. Cada vez que sorprendían a un sindicalista, espía o a cualquier sospechoso de haber tenido un pasado de izquierda, éste era ajusticiado y luego catapultado al bando enemigo con el cuerpo cargado de bombas.

La plaza de Bolívar era un terreno baldío repleto de cráteres y escombros, pues ahí la lucha había sido fuerte. El Capitolio Nacional, el Palacio de Justicia y la Casa de Nariño mostraban sus vientres reventados. La gente, en un acto de suma desesperanza, había saqueado lo que quedaba de las antiguas oficinas, de los amplios salones y aforos. En sus ruinas, los mendigos se protegían de la lluvia y del frío haciendo fuego con viejos legajos. El gobierno, al principio de la guerra, intentó defender la sede histórica y esto avivó la destrucción. Llovieron bombas desde las montañas, hubo atentados ciegos, se ametralló sin piedad el centro de la ciudad hasta que no quedó un alma. El ejército logró repeler los ataques, pero la antigua zona del poder quedó reducida a escombros, un paisaje lunar de detritos, muros negreados por el humo, perforaciones de metralla, estructuras metálicas retorcidas por el fuego. En el fragor de los incendios, las llamas fueron tan altas que algunos bogotanos recordaron lo ocurrido el 9 de abril de 1948, esa memorable fecha de destrucción a mediados del siglo anterior.

En la escalera de servicio del hotel —la única que se usaba, ya que los ascensores estaban en pésimo estado—, Bryndis se encontró con Olaf K. Terribile, corresponsal del diario *The Presumption*, de la isla de Malta.

—Hola, Bryndis, ¿dormiste bien? —Olaf la saludó

acariciándola con los ojos. A pesar de su timidez, la hermosa rubia lo atraía.

—No estoy segura de haber dormido, Olaf —le dijo ella—. Mi cabeza parece un obús a punto de caer a tierra.

—Tengo aspirinas, ¿quieres una?

—No. Una aspirina no llegaría ni a la periferia de mi dolor. El trabajo es lo único que me cura.

—Cuídate, Bryndis. No te metas en la trinchera equivocada.

—No te preocupes, ya sabes que la pólvora se asusta conmigo.

Olaf y Bryndis se conocían hacía cuatro guerras —Afganistán, Palestina, Irak y Somalia—, pero Olaf jamás se había atrevido a expresarle sus sentimientos, mucho menos a proponerle algún contacto íntimo, y esto a pesar de haber vivido juntos varios momentos difíciles, como una vez en que Bryndis debió llevarlo alzado, inconsciente, y subirlo a una camioneta de alquiler, en Jalalabad, tras haber sido golpeados por un grupo de manifestantes afganos. Esto de la timidez, en Olaf, parecía un rasgo congénito. Hacía poco, en Belice, había acudido a una ayuda psiquiátrica. Cuando le hicieron el test de identidad respondió lo siguiente:

«Me llamo Olaf Keith Terribile y soy corresponsal de guerra. He vivido en Moscú, Nicosia, Goma y Nairobi, además de Valletta, capital de Malta, mi ciudad natal. Hablo seis idiomas de la rama indoeuropea. Tengo cuarenta y seis años y uso gafas de aumento, pues me aqueja una fuerte miopía. Mi color preferido es el verde por lo que éste representa de esperanza. Soy viudo y no tengo hijos, modo eufemístico de sugerir que estoy más solo que una piedra en el desierto, admitiendo que las piedras puedan sentirse solas. Ignoro cuál pueda ser el origen de mi timidez. Mi infancia fue feliz y holgada. Jamás me hizo falta nada ni lamenté algo profundamente; jamás fui visto con indiferencia por mis seres queridos. Me gusta el mar, aunque me inquieta. Me hace daño la leche. Mi comida preferida es el cuscús, en primer lugar, y en segundo el pato laqueado pekinés. No tengo inclinaciones homosexuales. Me enamoré muy joven de una estudiante polaca de inglés, en Malta, que luego se convirtió en mi esposa. Se llamaba Myla, y digo se llamaba pues murió a los seis años de matrimonio. Myla Posvlo. Por cierto que murió en el parto de la que debía ser nuestra hija. Fue entonces que tuve mi primera ayuda psicológica y que pedí ser corresponsal de guerra en *The Presumption*. La muerte se metió en mi vida. Yo no la busqué. A partir de entonces he visto cómo trabaja la muerte.»

Olaf llevaba cuatro meses en Bogotá y sus artículos eran leídos con interés por sus compatriotas, que poco sabían de ese lejano país en guerra. Era un profesional serio y pausado. Un hombre bueno que hacía su trabajo con dedicación y que dormía con la conciencia tranquila. Pero le hacía falta alguien a su lado. Y ese alguien, se decía, debía ser Bryndis Kyljan, tan parecida a Myla, tan fuerte y vigorosa.

Al salir a una de las barricadas de la carrera Séptima, frente al hotel Tequendama, Olaf se sorprendió de ver un bus volcado a lo largo de la vía. Había ardido toda la noche, pues estaba bastante chamuscado a pesar de la llovizna; unas pocas llamas lamían aún la carrocería, ennegrecida en la parte trasera.

—¿Qué pasó? —preguntó en español a un soldado, ofreciéndole al mismo tiempo un cigarrillo.

Si Olaf hubiera sabido leer los uniformes del ejército, habría notado que el soldado tenía el rango de cabo primero.

No era un hombre joven. Tampoco era delgado, ni atlético.

—No cumplió el toque de queda —respondió—, creo que le dispararon los nuestros. Creo.

Olaf se llevó la mano a la barbilla. Luego extrajo una libreta de notas y un bolígrafo. Escribió la fecha y la hora de la mañana en lo alto de la página y luego tomó un par de apuntes.

—¿Muertos? —insistió.

—No, sólo dos heridos. Al parecer iba vacío.

—¿Se dirigía al sur?

—Sí, creo que sí. Yo llegué una hora después y me lo contaron.

Olaf levantó la cabeza y vio, sobre el pavimento, la marca del frenazo. Dos líneas paralelas de caucho que hacían una ese y morían al lado de los hierros retorcidos.

—Es extraño, ¿cierto? —pensó Olaf en voz alta.

—Sí. Salir en toque de queda con un bus y dirigirse al sur, a la boca del lobo. Es raro.

—¿Y los heridos?

—Están detenidos.

Olaf iba a preguntar si eran colombianos, pero la pregunta le pareció estúpida. Todos, en esta absurda guerra, eran colombianos.

—¿Se sospecha de ellos?

El soldado lo miró con picardía. Luego vigiló los dos lados de la avenida. Un grupo de mandos conversaba en la esquina, en un nido de ametralladoras. Era el único que protegía la entrada del hotel.

—Esa pregunta es demasiado difícil para un solo cigarrillo.

Olaf sacó un par, se los puso en el bolsillo de la camisa y le dio el resto del paquete. El uniformado los contó, encendió uno y dijo:

—Si están detenidos es porque se sospecha de ellos, ¿no cree?

Olaf continuó mirándolo, sin afirmar o negar. Su cara parecía decir: «Algo más, tiene que decirme algo más.»

—Parece, y esto que quede muy claro, parece —continuó diciendo el militar—, solamente parece, que eran soldados y que llevaban armas para venderle a la guerrilla.

—¿Armas gubernamentales para la guerrilla? —preguntó, retóricamente, Olaf—. Esto sí que suena interesante. ¿Sacaron las armas y luego destruyeron el bus? ¿Cómo fue?

El soldado se acercó a Olaf.

—Respondo a esta pregunta y luego se acaba el trato, ¿me entiende?

Volvió a mirar a su alrededor. La llovizna se había convertido en aguacero; un pequeño riachuelo limpiaba el asfalto.

—Sí, lo entiendo —dijo Olaf—. Sabré pagar la información que me dé, si de verdad es valiosa.

—El bus iba sin luces, pero le dispararon desde el cerro. Los mismos guerrilleros se lo bajaron, ¿serán huevones? A lo mejor los del Frente de Monserrate no sabían nada. En fin, algo muy raro.

—Si me averigua algunos datos yo se los compro —dijo Olaf—. Por ejemplo: quién disparó exactamente, quiénes son los tripulantes del bus; si son militares, qué grado tienen; si iban a vender las armas, cuál era el precio... Estoy en la habitación 1124. Me llamo Olaf K. Terribile. Soy maltés.

—¿Maltés? —preguntó el soldado—. ¿Y eso qué quiere decir?

—Sólo que vengo de muy lejos, amigo. No se olvide, habitación 1124.

El soldado lo vio irse. Poco después llegó un teniente, hecho que lo obligó a cuadrarse y a hacer el saludo golpeando tacones y llevándose una mano a la sien.

—¡Cabo primero Emir Estupiñán, mi teniente, reportando que no hay nada que reportar, mi teniente!

—Descanse, cabo, y no se tome tan a pecho las reglas. ¿Usted es reservista?

—Sí, mi teniente, reservista en tercer grado. Antes de la guerra fui empleado público en las oficinas de Catastro. Por mi formación me dieron el rango de cabo primero.

—Pues lo felicito, cabo. Así le está cumpliendo al país.

—Gracias, mi teniente, aunque con todo respeto, preferiría seguirle cumpliendo desde mi modesto escritorio de funcionario. Si estoy aquí es por obligación.

—Todos quisiéramos volver a la vida de antes, cabo —dijo el superior—. Pero una guerra exige sacrificios.

—Una pregunta, mi teniente, si no es indiscreción —dijo Estupiñán—: ¿Y usted cree que la estamos ganando? Quiero decir, ¿la guerra?

—Esto es como en una partida de billar, cabo. Uno puede ir perdiendo por cinco carambolas y de pronto ganar de una sola tacada. Nunca se sabe hasta el final. Por eso hay que estar bien concentrado. Igual que en la vida.

—Buen ejemplo, mi teniente —dijo Estupiñán—. ¿Tiene usted, por casualidad, formación humanística? Lo digo por la precisión de su comentario.

El teniente se alisó un bigotito. Dejó escapar una sonrisa de orgullo y pateó un trozo de cemento hasta el chorro de agua que corría por el borde del andén.

—Siempre fui bueno en filosofía, cabo. Gracias por el cumplido.

El cabo Estupiñán caminó detrás del superior y levantó un dedo.

—Teniente, teniente... —le dijo—. Yo no soy tan bueno como usted en filosofía, pero en cambio me fascinan los enigmas. Ese bus, ese que está ahí volcado. Llevaba armas, ¿no?

—Sí, cabo, qué vergüenza. Si no fuera por el respeto que le debo a este uniforme, me largaría —dijo ofuscado—. Compañeros, hasta superiores que venden armas al enemigo. De no creer.

—Tiene razón, teniente, al mando debería haber gente como usted, con todo respeto —enfatizó Estupiñán—. Gente que quiere al país. Y dígame, ¿quiénes son los detenidos?

—Dos zarrapastrosos, un par de malparidos sin importancia. Lástima que no los mataron, era lo que se merecían. Y eso que llevaban uniforme.

—Sí, se lo merecían, teniente, aunque la ventaja de que hayan quedado vivos es que se les pueden sacar nombres. ¿Los tienen en el Cantón Norte?

—Sí, allá los tienen, en el hospital —dijo el superior—. ¿Sabe qué es lo único que me tranquiliza, cabo? Saber que esas gonorreas de guerrilleros son peores que nosotros. Imagínese, los del Frente de Monserrate sabían del bus; le dispararon para que las armas no le llegaran a los del Frente de Ciudad Bolívar. Resulta que los comandantes están enfrentados, ¿se imagina el bollo?

—Pues menos mal que es así, mi teniente —dijo el cabo Estupiñán—. Por allá en Ciudad Bolívar la cosa está que arde. Tengo un conocido...

Una ráfaga de metralla interrumpió a Estupiñán. Los dos uniformados dieron un salto, buscando protección detrás de un morro de tierra y cascotes de cemento.

—¡Hijueputas...! —dijo el teniente—. Disparan para hacer ruido. Se ve que tienen munición de sobra. Y nosotros contando las balas.

El cabo Estupiñán se quedó solo y encendió un cigarrillo. En ésas estaba cuando vio acercarse, entre las barricadas de automóviles volcados y las láminas de acero, a un grupo de jovencitas muy maquilladas, con atrevidas minifaldas. Se dirigían al hotel. Cuando pasaron al frente, Estupiñán sintió rabia. Eran ex universitarias buscando clientes entre los periodistas extranjeros y militares de Naciones Unidas. «Es lo peor de la guerra», pensó Estupiñán, «la necesidad las obliga a bajarse los calzones por muy poco; treinta, cuarenta dólares al máximo». Casi todos los corresponsales permanentes tenían novias pagadas, y las intérpretes redondeaban el salario metiéndose en la cama con los jefes. La guerra era así.

II

Por la tarde, el cabo Estupiñán, fue a la recepción a buscar al periodista del bigotito amarillo. Olaf, al escuchar su voz al teléfono, le dijo que ya bajaba y se precipitó por las escaleras. En el cuarto piso se cruzó con Bryndis Kiljan.

—¿Para dónde vas tan apurado, Olaf? —preguntó la islandesa—. Se diría que te persigue la muerte.

—Estoy haciendo una investigación, Bryndis —le dijo, respirando con fuertes bufidos—. Si no tienes nada urgente puedes venir conmigo, creo que tengo algo gordo entre manos.

Los ojos de Bryndis brillaron como diamantes. Durante su paseo de la mañana no había encontrado nada que valiera la pena.

—Vamos —dijo ella.

Cuando el cabo primero Emir Estupiñán vio los tatuajes que adornaban el vientre y las caderas de la periodista nórdica, por debajo de una camiseta gris y de un chaleco antibalas, sintió que se le paraba. Una extraña frase en ideogramas chinos se perdía en la raya de su trasero, detrás de unos *blue jeans* gastados. Por delante, algo parecido a una alada mariposa parecía estar a punto de echarse a volar. La visión, que duró un segundo, lo turbó.

Tras un rápido saludo, el cabo les propuso salir a la

trinchera de la calle, pues temía que en el interior del hotel alguien pudiera escucharlos. No había parado de llover; se oían ráfagas de metralla en la zona suroccidental.

—Acabé mi turno y voy al Cantón Norte en un APC, periodista —dijo Emir Estupiñán—, ¿quiere acompañarme? Por el camino le explico.

—La señorita viene conmigo —aclaró Olaf.

—Soy corresponsal del *Ferhoer Bild* de Reykjavik —dijo Bryndis, alargando su tarjeta de prensa otorgada por Naciones Unidas—. Me llamo Bryndis Kiljan. Es un placer.

—Cabo primero Emir Estupiñán, muy a su mandar.

Estupiñán notó que el español de la joven era mejor que el del otro periodista. ¿Dónde quedaba Reykjavik? No se atrevió a preguntar. No quiso pasar por ignorante. Se limitó a asentir y a clasificarla en su mente dentro del grupo de «viejas buenas». Luego recapacitó y se dijo no, mejor en el grupo de «super bizcochos».

Subieron a un carro antibalas del ejército y se dirigieron al norte. El chofer, un soldado raso, se quedó mirándole el culo a la periodista hasta que el cabo Estupiñán le dio un codazo.

—¡Eh, soldado! —le dijo—. ¡A ver, al Cantón Norte! ¡Y mire para adelante!

Olaf le explicó la historia a Bryndis, y luego Estupiñán les contó lo que había hablado con el teniente. Los dos hombres que viajaban en el extraño bus estaban detenidos en el Cantón Norte, la guarnición donde el ejército guardaba las pocas armas que le quedaban y aquellas que, a cuenta gotas, recibía de la ayuda internacional liderada por Estados Unidos. Luego Estupiñán acercó su cabeza a las de los periodistas y habló en voz baja, evitando que el conductor los escuchara:

—Yo les ayudo a llegar al fondo de este enigma —les dijo—, pero al final, ustedes deberán ayudarme a mí.

—¿Y en qué consistirá esa ayuda? —preguntó Bryndis.

—Sacarme del país.

Olaf y Bryndis se miraron. Sin decir una palabra estuvieron de acuerdo. Sí. Era posible. Podrían interceder en sus periódicos para obtener una acreditación de prensa a su nombre. Con ella podría atravesar las líneas del cerco y acceder al aeropuerto en un transporte de Naciones Unidas. Quienes trabajaban como intérpretes o guías de los medios de prensa ya lo habían hecho.

—Tiene nuestra palabra de que lo intentaremos —dijo Olaf—, aunque debe saber que, primero, es ilegal, y segundo, conlleva riesgos para usted.

—Eso lo sé —respondió Estupiñán—. Pero quedarse aquí también tiene sus riesgos. Entonces, ¿trato hecho?

El cabo alargó una mano y la dejó tendida en el aire, al centro de las cabezas.

—Trato hecho —dijeron, al unísono, Bryndis y Olaf.

Atravesar la ciudad hasta el norte les llevó casi dos horas. Las orugas del carro armado tuvieron que trepar sobre cascotes de cemento, restos de automóviles chamuscados y, en varias ocasiones, detenerse detrás de algún muro para buscar protección. En la avenida Chile los francotiradores les frenaron el paso. El cabo Estupiñán debió comunicarse por radio con una garita situada en la carrera Quinta para que respondiera al fuego.

La zona norte, donde antes estaban los barrios ricos de la ciudad, era la más despoblada. Sus habitantes habían escapado antes de la toma del aeropuerto por los paramilitares y de que las vías de salida, al norte, fueran taponadas por barricadas de la guerrilla. Bryndis y Olaf miraron en silencio los edificios derruidos, los muros repletos de perforaciones, ennegrecidos por los incendios; los restos, casi arqueológicos, de lo que antes fueron apacibles zonas residenciales. El antiguo Parque del Chicó, donde se había instalado un puesto de comando, había perdido el césped y se había convertido en una base de helicópteros artillados que transportaban munición y tropa a la capital desde las zonas gubernamentales.

Un poco más adelante, exponiéndose a los disparos de las piezas de artillería enemigas, el carro alcanzó la carrera Séptima, atravesó el esqueleto caído del antiguo puente de la Calle Cien y penetró en la base militar del Cantón Norte. Eran pasadas las dos de la tarde.

—Cabo primero Emir Estupiñán, regresando a base —dijo, y mostró una identificación militar.

El soldado que se acercó a la ventanilla del APC se quedó mirando con atención el tatuaje de la mariposa sobre el liso vientre de Bryndis, algo sumamente extraño de ver bajo un chaleco antibalas. Luego miró al cabo primero.

—Prensa, confidencial —agregó Estupiñán.

—No crea que va a entrar a un bizcocho así al Cantón sin decirme para qué, mi primero.

Estupiñán lo miró desafiante.

—Eh, tan grande y tan marica... —le dijo. Luego le alargó un cigarrillo—. Los señores comunicadores, de la prensa internacional, tienen una cita. Así que permisito, soldado. ¡Y no se le olvide que soy un superior, carajo!

El soldado regresó a la garita, que estaba cubierta con bultos de tierra, y levantó la barrera. El APC entró dejando sus huellas de oruga sobre el barro. Había llovido por esos días. El tiempo había sido malo para todos.

Al entrar en el casino de oficiales escucharon un fuerte estallido.

—Cuidado —dijo Estupiñán—, los de los cerros disparan siempre al mediodía. La consigna debe ser dañarnos el almuerzo. Un hombre con pesadez estomacal es menos fiero, ¿nos sentamos?

Un grupo de mandos, al fondo, empezó a murmurar al ver a Bryndis, pero a ella no pareció importarle. Olaf, al notar la incómoda situación, pensó que una de las primeras sugerencias que le haría, en caso de que llegaran a establecer una relación, sería la de «revisar» de forma drástica sus atuendos. Para él eran del todo impropios. Ahora bien, si en ese instante hubieran tenido un debate sobre el tema, Bryndis habría argumentado del siguiente modo: «Claro que me doy cuenta de que están mirándome, no soy tonta. Lo que pasa es que tú eres tímido y prefieres pasar desapercibido. Yo no. Se obtienen mejores resultados cuando tu fuente informativa está esperando a que te gires para mirarte el culo. ¿Me sigues?»

El cabo primero Estupiñán les explicó que debían mantener silencio sobre el tema del bus con armas. Dijo que por ahora era mejor inventar cualquier cosa; por ejemplo: que estaban haciendo un reportaje sobre la vida de los mandos en una ciudad sitiada. Algo así.

—Conozco al sargento que se ocupa de las celdas de detención —dijo Estupiñán—. Él podrá decirnos algo sobre los dos conductores. En cualquier momento vendrá a almorzar.

Bryndis, impaciente, se acercó a uno de los mostradores, pasó en medio de un grupo de uniformados y pidió una cerveza. De inmediato un joven oficial se dio vuelta y le habló. Luego vinieron otros dos y ella, haciéndole un gesto a Olaf, decidió quedarse a tomar la cerveza con ellos.

—Doctor Olaf —dijo Estupiñán—, yo apenas lo estoy conociendo a usted, y por eso le pido que me perdone si le hago una pregunta: ¿la señorita Bryndis es su novia?

—No, cabo, no...

—Por su respuesta, doctor, me parece que usted está enamorado de la señorita. ¿Estoy siendo muy indiscreto?

—No, cabo, está bien. Tiene usted razón, me atrae... Pero es una mujer muy extraña.

Voltearon a mirarla y, en ese instante, sucedieron dos cosas simultáneas: un fuerte estallido cortó la luz del generador, y, al volver a encenderse, como en un demoníaco fogonazo, vieron a Bryndis beberse de un trago una copa de líquido blanco. Enseguida uno de los uniformados volvió a llenarla. Era aguardiente.

—Parece que la señorita hizo nuevas amistades —dijo Estupiñán—. Ojalá nos sirvan.

Olaf permaneció callado. Si hubiera habido más luz en el oscuro recinto —las ventanas estaban selladas por bultos de tierra y cascotes—, Estupiñán habría visto el color púrpura en sus mejillas.

Pasado un rato, alguien levantó una ventanilla metálica dejando salir una vaharada de olor a grasa y coliflor hervida; luego, los uniformados hicieron fila para recibir su bandeja. Estupiñán se levantó.

—Espéreme un segundito, doctor —le dijo Estupiñán—. Voy a arreglar lo del almuerzo de ustedes.

—No se preocupe por nosotros, cabo —dijo Olaf.

—No es molestia, si esto yo lo arreglo en un volar —reviró Estupiñán—. El jefe de la cocina trabajaba conmigo antes de la guerra.

—Ah...

Olaf volteó los ojos hacia el mostrador y se quedó horrorizado. Bryndis continuaba tomando aguardiente con los militares. La vio soltar enormes risotadas y, al hacerlo, recostar el brazo sobre uno de los mandos. ¿No había una guerra allá afuera? Por favor, se dijo Olaf, un poco de respeto con la realidad. Estaba muy celoso.

Bryndis y Estupiñán regresaron casi al tiempo. Luego fueron por los almuerzos.

—¿Obtuviste alguna información? —preguntó Olaf.

—Sí, muchas cosas interesantes...

Estupiñán agachó la cabeza para escuchar mejor.

—Me hablaron de una discoteca clandestina en el barrio de Chapinero. Dicen que es la única que funciona en Bogotá, pues se escapa a las reglas de aprovisionamiento de electricidad. Entonces les pregunté que si de verdad era clandestina cómo era posible que lo supieran ellos, es decir la autoridad, y me dijeron que siempre era mejor que hubiera una buena discoteca clandestina, ubicada y vigilada, donde la gente pudiera ir a desfogarse, incluidos los mandos, pues, según dijeron, el temperamento del colombiano era ése, ¿es eso cierto, cabo Estupiñán?

—Muy cierto, señorita Bryndis, al colombiano le fascina el trago y la parranda. Y para la muestra, un botón —dijo, dándose un golpecito en el pecho—. Qué delicia rumbear. ¿Cuándo vamos?

—Esta noche, Emir. Esta noche.

—¿Qué? —Olaf se atragantó con una cucharada de puré.

—Bueno, es que uno de ellos, ese de allá —señaló a un teniente—, me propuso que fuera. Dijo que iba a estar allá a partir de las diez. Creo que puede ser interesante.

Olaf la miró con angustia.

—¿Le respondiste que irías, Bryndis?

—Pues claro que sí. Antes de invitarme dijo que había llegado esta mañana al Cantón Norte para hacer una investigación. Me aseguró que lo que a él le gustaba era la trinchera y el combate, pero que lo habían destacado con un asunto confidencial, y que ahí lo tenían, aburrido. Debe saber algo, pues lo del bus ese fue anoche, ¿no?

—Sí... —dijeron Olaf y Estupiñán, incrédulos.

—Pues por eso acepté —dijo Bryndis—. Por cierto, ¿qué diablos es esto?

Con la punta del tenedor levantó algo extraño y largo del plato de lentejas, una especie de cable grueso; tras retirarle algunos grumos, descubrió de qué se trataba: era un cordón de zapato. Olaf hizo una mueca de asco y dejó caer su tenedor. Bryndis y Estupiñán soltaron una carcajada.

Por fin, cuando estaban a punto de terminar el almuerzo, apareció la persona esperada. Estupiñán dio un golpecito en la mesa.

—¿Caballeros? Me hacen el favor y me disculpan —dijo, levantándose—. Ése es nuestro tipo. Ya vengo.

Olaf y Bryndis lo vieron parlamentar con un hombrecillo bajito y de bigotes espesos. Visto de lejos parecía un cantante mexicano. De nuevo sonaron dos estallidos. Olaf alcanzó a oir el golpe de la tierra sobre el techo de lámina acorazada.

—Éste cayó cerca —le dijo a Bryndis.

—¿Te refieres al obús? —inquirió, pensativa.

—Sí, al obús. ¿Era un obús? —se dijo Olaf.

—Sí, el silbido de la caída es más tenue por la elipse —dijo ella—. Aprendí a reconocerlos hace años, en Sarajevo. ¿No fuiste a esa guerra?

—No, Bryndis, aún no era corresponsal.

—Te perdiste algo grande. Fue un horror para los sarajevanos.

—Puedo suponerlo.

—Doctores —dijo Estupiñán, regresando intempestivamente a la mesa—, les tengo material de primera calidad. Ya podemos irnos. Por el camino les cuento.

El APC volvió a salir a la carrera Séptima y, al hacerlo, otro chaparrón cayó sobre la ciudad. Olaf notó en la piel de Bryndis un ligero temblor y supuso que tendría frío. Se quitó la chaqueta y se la puso sobre los hombros.

—Caliéntate un poco —le dijo.

—El problema no es la baja temperatura —respondió Bryndis—. Bebí demasiado anoche y sufro de escalofríos alcohólicos. Gracias de todos modos.

Al remontar la carrera Séptima hacia el antiguo barrio El Chicó, el agua pegaba muy fuerte sobre el techo blindado de la tanqueta. Entonces Estupiñán dejó el puesto al lado del conductor y saltó hacia atrás. Protegidos por el ruido de la lluvia, los tres acercaron sus cabezas para hablar.

—Son dos oficiales —dijo Estupiñán—, egresados con honores de la Escuela Militar y con fojas impecables. Mi amigo me dijo que les iban a abrir investigación, que les quitaron uniformes e insignias. Llevaban seiscientos fusiles de asalto, dos cajas de diez mil balas, cuarenta granadas de mano y un trípode para lanzar *rockets*.

—Dios santo, un verdadero arsenal —dijo Olaf, tomando apuntes en una libreta—, ¿dijo cuarenta granadas?

—Sí, de mano —puntualizó Estupiñán—. Le pedí a mi amigo que tuviera los ojos bien abiertos y le dejé un paquete de cigarrillos en pago. No me hizo factura, pero creo que me lo van a tener que reembolsar.

—Claro —dijo Bryndis—. Olaf, ¿tienes a mano?

Olaf abrió su bolso de reportajes y extrajo una cajetilla nueva. Él no fumaba, pero conocía muy bien el valor que los demás les daban en las guerras.

—¿Dio nombres o grados exactos? —preguntó Bryndis.

—No —respondió Estupiñán—. Quedé de hablar con

él mañana temprano otra vez. Ahora, siempre y cuando les siga interesando la historia...

—Claro, claro que sí —dijo Olaf.

—Espero que nos acompañe esta noche a esa discoteca —dijo Bryndis, y luego, sacando un papel, agregó—: aquí tengo la dirección. Hay que decirle al portero que somos amigos de Freddy Roldanillo.

—No hay problema, señorita —dijo Estupiñán—. Los acompaño...

El cabo primero se quedó pensativo un segundo, luego dijo:

—Yo también tengo que pedirles un favor, y es que me acompañen a visitar a un pariente... Está en el camino al hotel, no hay que desviarse.

Al llegar a la avenida Chile, Bryndis y Olaf se sentaron lejos de la escotilla del aire, pues fue precisamente en ese punto donde recibieron los disparos. Los edificios, ennegrecidos por el humo, yertos, sin vida, parecían tótems, ciegos soldados de un dios humillado. Hacía frío. Bryndis se recostó contra Olaf y él le colocó el brazo sobre el hombro. Un rato después se detuvieron.

—Es aquí —dijo Estupiñán—. ¿Me acompañan?

Sintieron un poco de miedo al tener que bajar de la tanqueta en plena calle, pero luego, al calcular que el muro del edificio estaba a sólo cinco metros, se decidieron. Viendo los árboles, creyeron reconocer la avenida Caracas. La fachada del edificio no estaba muy golpeada. Sólo unos cuantos impactos de bala en torno a una ventana y un pequeño montículo de escombros calcinados. Subieron.

La escalera tenía un penetrante olor a excrementos y basura. Desde el inicio del cerco, con los continuos cortes de luz y agua, y debido a la escasez general, la gente lo pensaba mucho antes de tirar algo. La mayor parte de los desperdicios era tierra, sólo tierra. Lo demás se usaba, se reciclaba, se guardaba para tiempos peores.

A medida que subían, el trío fue encontrando grupos de personas, sobre todo ancianos, sentados en las escaleras. ¿Qué hacían? Nada. Esperaban en silencio. Esperaban algo improbable, inmóviles en la oscuridad, como piezas olvidadas de un grotesco museo. Bryndis y Olaf pasaron entre ellos diciendo «perdón, perdón», pero no obtuvieron una sola respuesta. En el piso sexto, o tal vez en el séptimo, una ventana iluminaba una sección de la escalera y Bryndis pudo ver los ojos de uno de aquellos ancianos. Y quedó espantada. Lo que vio en esa mirada le arrancó lágrimas, pero se las tragó, con toda su fuerza, y continuó subiendo. Más tarde, cuando intentó explicar lo que había visto, no halló palabras: «Vi la desesperanza, el frío, me vi a mí misma...»

Al llegar al piso once, Estupiñán abrió una puerta y los invitó a seguir. No había luz. La electricidad, a esa hora, no funcionaba. Las ventanas habían sido taponadas con gruesas cortinas. Bryndis, nerviosa, extrajo un paquete de cigarrillos.

—¿A alguien le importa que fume?

Estupiñán, con la cabeza, le dijo que no, que no había problema, y él mismo sacó un cigarrillo y lo encendió. Cuando el fósforo estalló Olaf pudo ver, como a la luz de un rayo, a un anciano durmiendo en el sofá. Se acercaron y Estupiñán encendió otro fósforo.

—Es mi tío —dijo—, se llama Alfredo Estupiñán Piñacué. Tiene ochenta y cuatro años y es soltero. Duerme casi todo el día, el viejo, porque dice que le deprime bajar a la calle. Pero aquí en la casa tampoco hay mucho que hacer.

Entonces Estupiñán sacó un paquete de su guerrera y de él extrajo una botella de alcohol, crema dental, una caja de tabletas de aspirina, dos paquetes de cigarrillos, una bolsa de sal y otra de azúcar, café, un tubo de vitaminas con sabor a naranja, y fue colocando todo en la mesita, al lado del sofá. De repente, la cabeza del viejo se movió y emitió un quejido largo que se fue convirtiendo en risa, en histérica carcajada. Aún dormía. En ese instante Olaf caminó hasta la puerta, mareado, y al abrirla escuchó una fuerte explosión.

—Vámonos —dijo, con un hilo de voz—, creo que empieza un ataque...

El edificio tembló con la segunda granada. A lo lejos escucharon el eco de varias ráfagas.

—Son los nuestros que responden —dijo Estupiñán—. Le conozco el ruido a nuestra artillería.

Otra explosión los hizo vibrar y comenzaron el descenso. Los fogonazos rojos de las bombas, entrando por las ventanas de la escalera, daban una extraña luz. Los ancianos seguían sentados allí, inmóviles. «Perdón, perdón», volvieron a decir, sorteándolos, sin que ninguno hablara. Dos pisos más abajo, en medio de los estallidos, Olaf continuó oyendo las risotadas del viejo que dormía y creyó estar loco. «No es real», se dijo, mordiéndose una uña y corriendo, escaleras abajo, ya sin importarle golpear el hombro de alguien o pisar una mano. El corredor que conducía a la calle estaba lleno de polvo. Afuera oscurecía, pero la ciudad continuaba iluminada por los relámpagos de las bombas. Uno, dos, tres por segundo, a lo que se sumaban ráfagas de artillería y disparos de armas automáticas. El conductor había acercado la tanqueta a la puerta subiendo al andén y los tres pudieron subir sin mucho riesgo.

—Están atacando por tres sectores, mi primero —dijo—. Hay un montón de incendios, ¿no siente el olor?

—Sí, arranque y llévenos rápido al Tequendama —lo instó Estupiñán—, y después se me va derechito al frente de Monserrate a ayudar a trancar a esos hijueputas.

Al llegar al hotel, los empleados obligaron a Olaf y a Bryndis a bajar al sótano, a las instalaciones del antiguo gimnasio, donde se había improvisado un refugio anti-bombardeo. Habían apagado las luces, así que atravesaron el inmenso *hall* guiados por alguien con una linterna. Estupiñán se despidió en la recepción, prometiendo regresar a las diez de la noche, si es que el ataque cesaba. Y ahí permanecieron por más de dos horas, sintiendo el temblor que provocaba en los muros la caída de las granadas. Escuchando, a lo lejos, los estampidos y el ruido de las sirenas.

III

La discoteca era un local repleto de humo y paredes ennegrecidas, en el segundo sótano de un viejo edificio de Telecom, en la zona de Chapinero. Se llamaba La Catedral y era uno de los pocos lugares de diversión que no había cerrado después del cerco, pero en realidad le decían La Catedral de la Carne, pues a pesar de no ser claramente un burdel, en sus rincones oscuros se podía sorprender a parejas ocasionales practicando la fellatio, el cunnilingus y, por supuesto, las múltiples penetraciones; otras cosas, como el sexo de grupo y, aunque mal visto, los tocamientos entre varones, se realizaban en corredores adyacentes en los que no había iluminación, y, a cambio, mucha humedad y roedores. De esos oscuros socavones irrumpió, en una ocasión, una mujer en un profundo estado de histeria. Llevaba en la mano un calzón muy breve y la falda subida a mitad de la espalda. ¿Qué le había sucedido? Según dijo, una rata enorme se le paró en dos patas justo delante de su nariz, cuando estaba siendo sodomizada por un teniente belga de Naciones Unidas. La cercanía de la muerte había generado un ansia de libertinaje. Todo el mundo quería irse sosegado a la tumba.

Olaf paladeaba el ambiente con temor. Si hubiera intentado definir con precisión lo que sentía, en una sola palabra, tal vez habría elegido «orfandad». En cambio Bryndis, que fue desflorada por un marinero noruego en el baño de una discoteca de Reykjavik, a los catorce años, no veía nada inquietante en la sala. Más bien parecía gustarle. Entonces se acercaron al mostrador y Estupiñán, escondiendo el uniforme militar debajo de una gabardina prestada por Olaf, pidió tres cervezas. «Y un aguardiente», agregó Bryndis, pues opinó que beber cerveza en ese lugar equivalía a beber agua. Luego fue al baño y, junto a otras clientas sumamente alteradas, se metió cuatro rayas de coca. En uno de los reservados, una joven con los ojos en blanco y la piel llena de granos fumaba algo de olor dulce. Otra, sentada en el suelo, dormitaba contra el muro. De su brazo colgaba una jeringa llena de sangre. Más allá, en el último de los reservados, dos mujeres tocaban a otra con una botella, en un gesto que parecía tener algo de sexual. A Bryndis le llamó la atención, pero olía un poco a vómito y a excrementos, así que decidió regresar a la sala.

—Sigo sin ver a mi amigo —les dijo—, ¿alguno de ustedes lo ha visto?

—No —respondieron Olaf y Estupiñán.

Al caminar entre la gente, Bryndis vio milicianos bebiendo en la pista de baile y pensó que a ellos, a los luchadores voluntarios, se les permitían más licencias que a los soldados regulares. Algunos tenían las armas en la mano y las levantaban hacia el techo, al ritmo de la música. Entonces recordó la frase de un soldado en Sarajevo: «Mi fusil es mi mejor amante, no me traicionará mientras lo cuide.» Pidió otro aguardiente, pensando con vaga excitación en la escena del baño, cuando sintió un dedo golpeando en su hombro.

—Ay, princesa, felices los ojos —le dijo una voz—. Soy el teniente Cote, nos conocimos este mediodía.

Bryndis le acercó la mejilla e intercambiaron dos besos. Al verlos, Estupiñán y Olaf se acercaron, pero ella los paró haciendo un gesto que quería decir: «Es mejor que no vengan, déjenme hacer esto sola.» Olaf empalideció, pero hizo caso.

—Tranquilícese, doctorcito —le dijo Estupiñán—, no le dé cuerda a los celos porque ahí sí que se jode. La señorita está obteniendo información. Mejor dicho, está trabajando. Venga, tómese algo más fuerte.

Pidieron dos aguardientes observando de soslayo a Bryndis, pero al dar el primer sorbo Olaf tosió y se regó la mitad en la camisa.

—Hay que darle despacito, doctor —le dijo Estupiñán, golpeándole la espalda—. Despacito y buena letra. Mire, así...

Bebió un sorbo ligero, hizo una tenue sonrisa y lo miró.

—¿Ve cómo es?

Pero Olaf tenía sus antenas apuntando hacia el otro lado del mostrador. Allí el teniente, vestido de civil, no paraba de llenarle la copita a Bryndis.

—La quiere emborrachar —dijo Olaf—, y eso puede ser peligroso. ¿Usted está armado?

—No, mi doctor, qué armado voy a estar —respondió Estupiñán—. Pero no se preocupe, don Olafo, que la señorita tiene pinta de ser buena para el trago.

—¿Por qué brindamos, Bryndis? —le dijo el teniente, mirándola a los ojos con romanticismo.

—Bueno —respondió ella—, brindo porque recuerdes mi nombre después de la décima copa.

—Ay, cariño, verme a mí borracho no es cosa fácil —dijo, levantándose el pelo de la frente—. En mi pueblo estamos enseñados a beber trago dos y tres días.

—¿Y de dónde eres?

—De Cartagena. La ciudad más bella del país. Allá está el gobierno.

—Sí, y el cuartel general de Naciones Unidas —dijo Bryndis—. Te recuerdo que soy periodista.

—Claro, angelito, claro que me acuerdo. Pero yo lo que te quiero decir es que esa gente de Naciones Unidas no me gusta. Se supone que están aquí para ayudarnos a los colombianos, pero lo que hacen es darnos órdenes, dormir en los mejores hoteles, ganar un montón de plata y comerse a nuestras mujeres. No joda.

—Cuando dices «colombianos», ¿te refieres sólo a los hombres?

—Ah, ya sabes que en Cartagena somos muy machistas. Pero es que a mí me fascinan las colombianas y no soporto que vengan de otros países a comérselas delante de nuestras narices.

—Bueno, a lo mejor eso es lo que ellas quieren, ¿no? —dijo Bryndis, mirándolo con picardía—. ¿O es que a ti no te gustaría una bonita extranjera?

—Ay, mi amor, si es parecida a ti, pues sí.

—¿Te gusto?

—Oye, ¿que si me gustas? ¡Pero si eres una diosa! —exclamó el teniente, bajándose de un sorbo la copita—. Comparado con tus ojos, las estrellas valen verga.

—Poeta, además de teniente —dijo Bryndis, acercándole los labios a la boca—. Ven, brindemos otra vez, quiero que me cuentes algunas cosas.

Lo agarró del brazo y lo acercó, llevándolo al tiempo hacia una zona más oscura del mostrador. Olaf y Estupiñán, observando en medio de la gente, intentaban comprender lo que ocurría.

—Doctor Olafo, deje de hacer esa cara —le dijo Estupiñán—. No se caliente pensando pendejadas. ¿O cree de verdad que a la señorita le puede gustar semejante corroncho? Ni de chiste. Más bien mire cómo se mueven esas viejas allá, ¿no le gustan? Huy, yo estoy que me bailo.

Acabaron la tercera copita de aguardiente, pero desde donde estaban ya no era posible ver a Bryndis. Olaf pensó que el viernes siguiente debía enviar una crónica de página doble, es decir de siete cuartillas, para la revista dominical de *The Presumption*. Si esta historia no salía bien se iba a ver en problemas, pues ya había agotado su cuaderno de lo que llamaba «crónicas frías», es decir de aquello que no tenía que ver estrictamente con la actualidad informativa y que, al fin y al cabo, era lo más importante que podía hacer en esta guerra. Las noticias cotidianas, los avances y retrocesos de los combatientes, los muertos, los nuevos puntos discutidos en la agenda del proceso de paz, todo eso lo daban las agencias de prensa internacionales. Él, enviado especial, debía hacerle comprender a sus lectores lo que ocurría, pero desde el punto de vista humano. Y esta historia prometía ser algo grande. Entonces sacó una libretita para tomar algunos apuntes y escribió:

Notas descriptivas:
Segundo sótano. Huele a cigarrillo. Techo alto. Seguramente un antiguo *parking*. Bombillos colgando de los cables. Algunos reflectores, cubiertos con papel de color, pretenden crear una atmósfera psicodélica. Música alegre. Columnas de cemento cubiertas de papel negro. Mostrador de metal.
Notas humanas:
La gente parece tener la obligación, un poco agresiva, de divertirse. Algunas de las mujeres podrían ser prostitutas.

Releyó y se quedó pensativo...

—Emir, ¿usted cree que estas mujeres son prostitutas?

—Pues, basándome en mi conocimiento empírico yo diría que sí, doctorcito —dijo Estupiñán—, pero podemos hacer una comprobación inmediata, ¿le parece?

Caminaron hasta el borde de la pista. Una mujer joven y muy poco vestida movía las caderas al ritmo de la música.

—Buenas noches, señorita —dijo Estupiñán.

—Cien verdes el completo, papi —dijo ella—. Ochenta el oral. Si sólo quieres tocar y ser tocado, cincuenta, ¿vamos?

«Algunas mujeres son prostitutas», corrigió Olaf, y continuó:

Los milicianos armados bailan con ellas. Todos los civiles parecen soldados de incógnito, pues este local no cumple con la orden del racionamiento eléctrico.

Pasó el tiempo y Olaf empezó a notar los efectos del aguardiente. Ya no le dolía que Bryndis se hubiera escabullido con el teniente y empezó a sentirse atraído por una de las muchachas que bailaban en el centro de la pista. Era una mujer de unos veinticinco años; tenía el pelo muy negro cayendo en trenza hasta la cintura, cintura que, por cierto, movía con una gracia y una armonía jamás vistas por el corresponsal de guerra maltés. Y le llamó la atención porque, a pesar del jolgorio, creyó detectar en su cara un gesto triste. Olaf K. Terribile conocía muy bien la tristeza y sabía reconocerla. «Esa mujer sufre», se dijo, y empezó a observarla. A su lado, Estupiñán bailaba abrazado a un taburete y siguiendo la letra de la canción: «Procura coquetearme maaaaás...» Olaf bebió un séptimo aguardiente. Estupiñán pidió otros dos, en gesto mecánico, y continuaron bebiendo. Bryndis había desaparecido.

Cuando la joven se acercó a la barra, Olaf respiró fuerte, carraspeó y, haciendo acopio de valor y de todo su conocimiento del español, le dijo:

—Señorita, ¿soy inoportuno si le pregunto qué es lo que la atormenta? La he estado observando. Usted está muy triste.

La mujer lo miró extrañada.

—Si logra encontrar aquí a alguien que esté contento, cásese con él —le dijo—, o con ella. ¿Me invita a un trago?

—Claro —dijo Olaf—, pida lo que quiera. Será un honor...

Detuvo la frase a la mitad, pues se dio cuenta de que la mujer se había dado vuelta y le hacía un gesto al cantinero.

—Me llamo Estéfany y no soy como las demás —dijo—. Quiero decir que cobro, claro, qué remedio, pero el cliente tiene que seducirme, o al menos intentarlo, ¿me explico?

Las mejillas de Olaf adquirieron un tinte violáceo. Pero los aguardientes le ayudaron a mantener la calma.

—No me interesan sus encantos, señorita —dijo—, que son, por cierto, muchos y muy vistosos. Lo que me interesa es su historia.

—Ay, mi querido, el problema es que eso no está a la venta.

—No pretendo comprarla —continuó diciendo el maltés, sorprendido de su autocontrol—. Hay cosas que sólo se pueden dar a cambio de nada.

La mujer detuvo el vaso un centímetro antes de que tocara sus labios y lo observó con curiosidad. Luego mantuvo un silencio de cinco, seis, siete segundos, y a continuación soltó una enorme carcajada, un sonoro aluvión de risa que coincidió trágicamente con el fin de la canción y que llevó a la concurrencia a dirigir los ojos hacia ellos, más de quinientas pupilas brillando en la semioscuridad. Por suerte el noveno aguardiente ya estaba en la mano de Olaf y éste tardó menos de un segundo en depositarse en su estómago, aplacando el golpe al sistema nervioso.

—No seas tan bello —dijo la mujer—. Ven, sentémonos.

Estupiñán, al ver al periodista dirigirse con la joven a una mesa, se dio vuelta y le dijo al cantinero:

—Nooo, si aquí el que menos corre, vuela. ¿Qué tal el tímido?

Bryndis, a la entrada de uno de los socavones laterales, sostenía en la mano una botella de aguardiente Néctar de la que iba dando sorbos cortos. A su lado, con el nudo de la corbata deshecha, despelucado y con hipo, el teniente Cote se movía como un péndulo. Cada tanto, tal vez para sostenerse o para no hacer tan evidente su derrota, levantaba la mano derecha y apretaba una de las hermosas tetas de Bryndis, quien parecía no darse cuenta. Hablaban con las caras muy pegadas, como si resolvieran un problema familiar.

—No puedo decirte eso, mijita —dijo el teniente Cote—, si ya te dije, hip, que esa vaina es información secreta. Más bien déjame esa boquita, ¿por qué no nos vamos más al fondo?

Entonces Bryndis le agarró la mano y se la metió dentro de la camisa.

—Mira, toca —le dijo—. Mis tetas bien valen un poco más de información. Sólo los nombres y rangos, ¿sí?

—No jodas, mujer, lo que te puedo decir no me lo podrías pagar ni con seis meses de polvos. Ni poniéndote casa y teniendo un hijo mío me pagarías.

Bryndis, cansada de la tratativa, se desabrochó el *blue jean* y lo estiró hacia adelante. Dentro brilló un elástico dorado. Luego un diminuto triángulo de oro.

—Mira, pendejo, mira bien, ésta es mi última oferta —le dijo—. Si me dices esos nombres te dejo meter la mano y hacer lo que quieras hasta que me termine lo que queda en la botella. ¿Lo tomas o lo dejas?

El teniente se la quedó mirando, luego bajó los ojos e intentó enfocar el liso vientre de la periodista.

—Ay, mi amor, me lo estás poniendo muy difícil. ¿A ver? ¿Déjame ver cuánto queda?

Bryndis alzó la botella. Quedaba algo menos de la mitad.

—No jodas, ¿lo que yo quiera?

—Te lo dije, ¿aceptas?

—Está bien.

La periodista sacó de la pechera una libreta y un bolígrafo.

—Escríbelos aquí y firma —le dijo Bryndis—; si es un engaño, mañana te denuncio con el coronel de la brigada. Le diré que me trajiste a este lugar y que me violaste.

—Uy, no te pongas tan seria —respondió el teniente Cote—. A ver, trae acá esa vaina.

Haciendo un esfuerzo escribió en la libreta. Luego Bryndis leyó, comprobó que entendía y volvió a guardarlo todo en su bolsillo.

—*Okay* —dijo Cote—, y ahora sí que empiece lo bueno. ¿Con su permiso?

Le metió la mano en la entrepierna y Bryndis, separando un poco los muslos, empinó la botella. Mientras intentaba penetrarla con un dedo ella se fue tragando, sorbo a sorbo y sin detenerse a respirar, el abrasante líquido. En menos de un minuto la botella estaba vacía y Bryndis cerró las piernas.

—Tiempo —le dijo—. El trato está cumplido.

—Mi amor, pero si ni siquiera se me alcanzó a parar.

—La próxima vez debes ser más ágil.

La joven se fue tambaleando al baño. Al cruzar la sala vio a lo lejos a Olaf, sentado con una desconocida, y creyó estar al borde del desmayo. En el baño debió sostenerse para no caer y tuvo el tiempo justo para llegar a uno de los sanitarios y vaciar su estómago en un vómito de cascada que la dejó deshecha. En la última trasbocada vio que sangraba y maldijo su úlcera de estómago. El recipiente del sanitario estaba lleno y Bryndis, sudando, recostada a la pared, extrajo un cofre del bolso. Sobre su antebrazo armó varias rayas de cocaína y se las metió haciendo gestos de dolor. Las luces del baño dieron vueltas en torno a sus pupilas, pero al instante se detuvieron. Ya estaba algo mejor. Fue al lavamanos y se puso el chorro de agua fría en la cara.

—¿Te pasaste de tragos, mamita?

Escuchó una voz lejana y, al abrir los ojos, vio a una de las mujeres que, poco antes, se acariciaba con otra en el reservado. La mujer sacó un pañuelo, lo humedeció con un líquido que extrajo de la cartera y le limpió a Bryndis el sudor de la frente. La joven periodista sintió alivio, frescura, y pudo levantarse.

—No deberías darte tan duro en la cabeza, reina, mira que eres bien bonita y te vas a estropear.

Al decir esto la mujer le puso los brazos en torno al cuello y Bryndis, de nuevo, sintió protección. Su problema es que estaba aún demasiado lejos de la realidad como para salir de ahí. La mujer parecía buena persona. Cuando Bryndis intentó meterse otra raya ella le dijo no, reinita, no te golpees más, esperá un poquito que te vas a hacer mucho daño, y de nuevo la abrazó y le limpió la frente y la refrescó con su perfume, que parecía agua de colonia masculina. Bryndis cerró los ojos un instante y al volver a abrirlos se sentía mucho mejor, así que, trastabilleando, llegó a la puerta del baño, la empujó y salió a la sala.

A pesar de la hora —eran más de las dos de la mañana— el ambiente seguía animadísimo y la pista de baile parecía aún más llena que antes. Las luces y el gentío la mareaban. Como pudo localizó a Estupiñán y se le acercó.

—Señorita Bryndis, menos mal —dijo Estupiñán—, ya me estaba preocupando. El doctor Olafo está allá, departiendo con una dama. ¿Quiere que lo llame?

Pero al mirarla a los ojos comprendió que estaba bastante ebria, así que la sentó en el taburete y le dijo al barman:

—Socio, venga, prepáreme un vaso con dos alka-seltzers y una aspirina efervescente. Vamos a despertar a esta nena.

Mientras tanto, Olaf charlaba con su nueva compañera.

—Hice estudios de periodismo en la universidad javeriana —dijo Estéfany—, una de las universidades elegantes de Bogotá antes de la guerra, y luego trabajé en un periódico que cerró y en una revista que tambièn cerró. Como que les traje mala suerte, ¿no? Cuando empezó el cerco trabajaba en las relaciones públicas de una empresa de lácteos, y la verdad es que nunca le di mucha importancia a la guerra. Me parecía que no era una cosa tan seria como decían, que en cualquier momento la guerrilla se iba a retirar, que los gringos iban a venir a ayudarnos. Luego vinieron los bombardeos y los combates en el centro, el cierre del aeropuerto, los gringos nos dejaron tirados y la cosa se jodió del todo. El caso es que cuando vi la gravedad de las vainas ya no se podía salir, pues yo habría podido ir a Cartagena o a Santa Marta, allá tengo familia. En fin, me quedé y me tocó acostumbrarme a sobrevivir con lo que hay.

—¿Y por qué no trabajas con algún medio de prensa extranjero? —preguntó Olaf.

—Muy buena idea, no se me había ocurrido. Mañana mismo dejo la prostitución y empiezo con el *New York Times*.

Se tomó de un sorbo lo que quedaba en la copa.

—Disculpa —dijo Olaf—, creo que dije una tontería. ¿Tú hablas idiomas?

—Sí, sé bien el francés y también un poco de inglés. Ya intenté trabajar con periodistas extranjeros y siempre llegué al mismo punto, y es que tarde o temprano tenía que acostarme con ellos para seguir trabajando. Claro, por sueldos muy bajitos. Decidí hacer esto porque, al menos, cobro más por mi cuerpo. Del otro modo había que darlo gratis y el trabajo era durísimo, ¿ves lo que pasa? Para trabajar con ellos es muy útil hablar lenguas, pero lo que más les interesa es lo que les puedas hacer con la tuya, con la que tienes en la boca, ¿me explico?

—Me gustaría ayudarte —dijo Olaf, algo avergonzado—, pero no quiero comprarte.

—No te sientas mal si tienes ganas de echarte un polvo conmigo —dijo ella—. Le pasa a todos los que me conocen. Y te digo una cosa: al menos tú ya me has seducido. En realidad sólo faltaría la parte económica.

—Gracias por decirlo —repuso Olaf.

—¿Qué está haciendo aquí un tipo como tú? —quiso saber Estéfany.

—Bueno, investigo para un artículo. Este lugar está repleto de historias.

—¿Como la mía? —dijo ella.

—Sí. El buen escritor de crónicas debe moverse y buscar.

—Pues te has movido bien —dijo ella—. Aquí hay tantas historias que podrías llenar tu periódico durante semanas.

—Cuéntame una —le dijo Olaf—. Te la pagaré como si fuera un servicio privado.

—Está bien, pero no ahora. ¿Estás en el hotel Tequendama? Invítame a almorzar mañana. Allá hablamos.

—Muy bien. Estoy en la habitación 1124. Ésta es mi tarjeta. —Le pasó un papelito que ella guardó en el bolso.

Cuando Olaf se dio vuelta y vio a Bryndis cabeceando sobre el taburete un rayo de angustia le atravesó el corazón. Le sucedió algo, se dijo, y él distraído con una mujer. Se despidió y fue a verla.

—¿Qué tiene? —le preguntó a Estupiñán, al tiempo que le miraba las pupilas.

—Creo que se le fue la mano con el traguito, doctor Olafo. Ya le di un remedio bien bueno. El resto será dormir. Mañana nos contará qué pudo conseguir. Por cierto, eso de allá es lo que queda del teniente.

Le señaló uno de los corredores laterales. Un hombre dormía en el suelo en una extraña posición, como si hubiera caído mal después de un golpe. Era el teniente Cote.

—Vámonos —dijo Olaf.

Al llegar al hotel, Bryndis continuaba en pésimo estado, pero cuando fue a llevarla a su habitación ella dijo:

—Déjame en el bar, necesito un trago.

—No, Bryndis, por favor —dijo él—. Lo que necesitas es dormir. Ya bebiste suficiente esta noche.

—Yo soy un animal nocturno, Olaf. Un solo trago y me voy a dormir. Un vodka frío y sin hielo.

Olaf la llevó hasta el bar, soportando las miradas atónitas de los demás corresponsales de guerra. En el mostrador pidió el vodka. Bryndis lo bebió de un solo trago, carraspeó con fuerza y movió la cabeza, como si intentara quitarse algo caído en el pelo.

—Ya me siento mejor —le dijo—. Mira, conseguí esto.

Sacó el cuaderno del bolso, lo abrió en una página y lo mostró a Olaf. El leyó: «Demóstenes Rengifo Moya. Capitán de infantería. Aurelio Quesada Marín. Mayor de la policía.» Y del otro lado: «Escapucio Ramos alias *Pirinola.*»

—¿Qué es?

—Son los nombres de los que iban en el bus y del supuesto contacto del otro lado, el que iba a recibir las armas en el sur. El teniente Cote me los dio hace un rato. Dijo que los están investigando en el Cantón Norte, que pidieron las fojas de servicio para ver en dónde sirvieron antes y determinar cómo entraron en contacto con la guerrilla. Se da por descontado que iban a vender esas armas, pero Cote dice que le parece raro. Demasiado simple, según él. Está investigando. Me prometió más detalles cuando los tenga.

Olaf se terminó un refresco.

—Vamos a dormir, por favor —le dijo a Bryndis—. Necesito que mañana estés muy alerta.

—¿Ah sí? ¿Y por qué?

—Porque intentaremos pasar al otro lado, a ver si podemos averiguar quién diablos es el que iba a recibir las armas y a cambio de qué. ¿Te parece?

—Hecho —le dijo ella—. Entonces, a dormir.

—Sí, buenas noches.

IV

A las ocho de la mañana Olaf ya estaba en pie, desayunando un café fuerte, jugo de naranja, rodajas de papaya y huevos revueltos con cebolla y tomate —lo que más le gustaba de esta misión en Colombia eran los desayunos—. A pesar de la escasez de alimentos en los mercados, el hotel Tequendama siempre tenía un buen surtido de comida fresca, algo que, en algún momento, dio pie a rumores sobre supuestos vínculos con los grupos que manejaban el sector del aeropuerto.

Tras salir del comedor, Olaf fue a buscar a un lustrabotas que siempre estaba en los salones del lobby del hotel. Se llamaba Casimiro Téllez y era homosexual, condición que el humilde trabajador llevaba con altivez y orgullo, y que, sobre todo, no buscaba ocultar, ya que tenía anudado al cuello un pañuelo de seda rosado y en la pechera de su chaqueta un círculo con un corazón y una leyenda que decía: «Soy distinto, soy gay.» Casimiro le había contado a Olaf que antes de la guerra tenía un salón de belleza en la avenida Jiménez, el Nenúfar Blu, al que iban todas las secretarias del Congreso de la República, pero que fue destruido durante los combates en la zona administrativa, así que debió volver a empezar de cero. Olaf, en uno de sus perfiles humanos, le había hecho una extensa entrevista con retrato en página central. Cuando le preguntó si era difícil dedicarse a lustrar zapatos después de haber sido propietario de un negocio tan próspero, Casimiro le contestó, jocosamente: «Pues vea, doctor, claro que es difícil, aunque le confieso que me gusta estar en cuclillas a los pies de un hombre.»

Casimiro estaba en uno de los rincones del salón, a la espera de clientes, y saludó de lejos a Olaf.

—Dígame en qué le puedo ayudar, doctor —dijo el lustrabotas.

—Usted me habló de un amigo que está en un barrio del lado de la guerrilla, ¿no es verdad? —preguntó Olaf—. Necesito contactarlo, Casimiro. Estoy haciendo una investigación y tengo que saber algo del lado de allá.

—Ay, quién sabe en qué lío se va a meter ahora —repuso Casimiro—. Acuérdese que con los de la guerrilla la cosa es a otro precio, doctorcito.

—Llámeme Olaf, por favor. No soy doctor.

—Está bien, Olafff, pero páreme bolas. Allá en la zona de la guerrilla hay pena de muerte y todo es más difícil. Lo mejor, si quiere saber algo, es que me lo pregunte a mí. Yo tengo contactos y podemos tratar de averiguarle lo que sea. Pero por Dios, doctorcito Olafff. ¡Ni se le ocurra meterse allá!

—No puedo dejarle mi investigación a otro, Casimiro, usted me entiende. Sólo le pido que me arregle una cita con ese amigo, si es que es cierto que puede pasar al lado gubernamental.

—Claro que sí se puede, Olafff. Si uno tiene marmajita o amigos pasa a donde sea, ¿no es cierto?

—Y ¿cuándo podremos verlo?

—Mire, doctor, precisamente hoy, a las nueve de la mañana, tengo cita con él aquí cerca, en el cementerio.

—¿Puedo ir con usted?

—Bueno, es peligroso —dijo Casimiro—. Usted sabe que si hay chumbimba o les da por bombardear, pues cada cual por su lado, ¿no?

—Sí, Casimiro, no se preocupe.

—Bueno, entonces salimos en diez minutos, doctor, acuérdese que hay que bajar a pie hasta el cementerio.

Olaf subió corriendo a la habitación de Bryndis y golpeó varias veces. Sólo cuando le dolían los nudillos la puerta se abrió y pudo entrar, pero Bryndis no estaba lista. Estaba casi desnuda, con una camiseta de esqueleto sobre el ombligo y un minúsculo calzón color oro. «La contemplación de Dios enceguece», recordó haber leído en algún lado.

—Espérame un segundo —le dijo Bryndis, entrando al baño.

—Tenemos que estar en la recepción dentro de cinco minutos, vas a tener que volar.

—Sé volar, Olaf, sé volar.

Cuando Bryndis estuvo lista Olaf se quedó mudo. Estaba bellísima. El pelo mojado le caía con gracia sobre los hombros.

—Vamos.

En el *lobby*, Olaf presentó a Bryndis, y Casimiro, tras saludarla, se la quedó mirando con atención.

—Uy, uy. Si me permites, señorita, tengo que darte un consejo. Tintura de jenna y un poco de gel después de la ducha. Y quedas divina, señorita. Una princesa egipcia. Además, con esos ojos te queda bien el lavanda.

—Gracias —dijo Bryndis—. Tengo un *brassier* color lavanda. Compraré algo más exterior.

—Hazme caso, señorita —insistió Casimiro—. Lavanda. Y quedas muy bonita.

Salieron hacia la parte occidental del edificio, es decir por la carrera Trece, siguiendo una fila de trincheras que les permitió llegar a la avenida Veintiséis. A pesar de los combates de la noche anterior, esa mañana la situación estaba tranquila. Un sol radiante iluminaba el aire. Bryndis y Olaf vieron a muchos paseantes yendo y viniendo por las trincheras y los caminos de seguridad. La hermosa mañana parecía marcar una tregua.

—Ay, éstos son los días que me hacen agradecer estar aquí en Bogotá —dijo Casimiro, llenándose los pulmones de aire—. El clima es delicioso y el viento fresquito. Lástima la guerra.

—Sí, lástima —dijo Olaf—. ¿Le puedo hacer una pregunta?

—Diga no más, mi rey —respondió Casimiro—. Preguntar no es ofender.

—¿Para qué tiene usted cita con su amigo? Quiero decir, ¿no será algo privado?

—Pues, sí, reviste una cierta confidencialidad, Olafff. Pero no importa. Hay tiempo para todo, como dice el dicho.

—Y ¿a qué se dedica ese amigo? —preguntó Bryndis.

—Es también un profesional de la estética —dijo Casimiro—. Tiene tres salones divinos en el Restrepo. Tan de buenas que no se los han cerrado. Precisamente, aquí le llevo unas cositas.

Al decir esto, Casimiro golpeó con la mano una bolsa de tela que llevaba colgada del hombro.

—Lociones, cremas, laca. Bogotá es increíble. No hay leche ni carne, pero todavía se consiguen artículos de belleza.

Al fondo de la trinchera apareció el muro blanco del Cementerio Central. La reja principal estaba abierta y un celador, de uniforme y fusil, daba la entrada a los visitantes. Bryndis se quedó sorprendida.

—¿Abren el cementerio a las visitas?

—Pero claro, señorita. Los muertos no tienen la culpa de lo que está pasando, ¿no te parece? Vamos, la cita es en la avenida de los Presidentes.

Avanzaron al lado de una hilera de mausoleos muy señoriales. Algunos estaban coronados por ángeles alados en mármol, otros tenían puertas de piedra con vitrales. En un recodo del camino había un hombre arrodillado, rezando ante un osario. Acababa de depositar una ofrenda floral y de encender un cirio. Casimiro les hizo un gesto que quería decir «esperen aquí» y se adelantó hacia él. Bryndis, emocionada por el lugar, le hizo algunas fotos a los mausoleos con su cámara de bolsillo.

—¿Tú ya habías venido al cementerio, Olaf? —preguntó.

—Sí, una vez. Es muy bello.

—¿Por qué nunca me lo dijiste? —insistió Bryndis.

—Lo olvidé, Bryndis. Simplemente lo olvidé.

En ese momento Casimiro los llamó, haciendo un gesto con la mano. Entonces se acercaron.

—Les presento a Nelson Alfonso Colmenares —dijo Casimiro—, propietario de la cadena de salones de belleza La Flor de la Canela. El doctor Olafff y la señorita Bryndis, de la prensa internacional.

Se dieron varios apretones de manos.

—A mí me fascina leer la prensa —dijo Nelson Alfonso—, sobre todo los horóscopos y la sección social. Es un placer. Casimiro me dijo que necesitaban un favor, ¿para qué soy bueno?

—Gracias, señor Colmenares...

—Dígame Nelson Alfonso, por favor —dijo—. Es como me dicen los amigos.

—Gracias, señor Nelson Alfonso —continuó diciendo Olaf—, pues sí, a mi colega y a mí nos gustaría pasar al lado de la guerrilla para hacer unas averiguaciones, ¿usted cree que será muy peligroso?

—Bueno, depende de lo que quiera averiguar o de la plata que tenga para suavizar el golpe.

—Busco a una persona. No sé si sea de la guerrilla, puede ser que sí. No estoy seguro.

—¿Y no me puede decir el nombre? —preguntó Nelson Alfonso.

—Por ahora no, amigo —dijo Olaf, con voz firme—. Puede ser peligroso para usted y odiaría que le pasara algo por mi culpa.

—Pero entonces, ¿cómo le puedo servir?

—Ayudándome a pasar al lado sur de Bogotá y dándome alojamiento por un par de días. A mí y a la señorita, se entiende. Luego, estando allá, veremos si se puede ubicar a la persona que busco.

—Eso no se puede organizar de la noche a la mañana, amigo querido —dijo Nelson Alfonso—. Tiene que darme al menos un día, pues necesito cuadrarlo todo. Atravesar la línea de fuego no es fácil, hay que pagar y tener contactos.

—Dígame cuánto.

Nelson Alfonso miró a Casimiro y éste le hizo un gesto con la frente que podía querer decir «son buenas personas», o algo así.

—Deme quinientos dólares por ambos.

Esta vez fue Olaf quien miró a Casimiro. Se hicieron a un lado y Casimiro le dijo, en voz baja:

—Tranquilo, Olafff. Nelson Alfonso es un caballero, yo me responsabilizo. Confíen en él.

Olaf sacó cinco billetes de cien, pero Nelson Alfonso los rechazó.

—No, doctor. Mira que aquí esos billetes nadie los cambia. ¿No tienes más sueltico?

Olaf y Bryndis se metieron las manos a los bolsillos y, entre ambos, reunieron cuatrocientos noventa dólares.

—Bueno, el resto me lo traes mañana, doctor Olaf, ¿bueno? A esta misma hora, aquí en el cementerio. Acuérdense, mausoleo de la familia Páez.

—Hecho —dijo Olaf, algo nervioso por lo que estaba por hacer.

Se retiraron. Casimiro y Nelson Alfonso se fueron al fondo e intercambiaron bolsas. Olaf miró de reojo pero no alcanzó a ver nada. Luego se reunió con ellos y los tres regresaron por el mismo camino, siguiendo las trincheras nororientales de la avenida Veintiséis.

Llegaron al hotel pasado el mediodía y se sentaron en el *lobby* a tomar un refresco e intercambiar impresiones.

—¿Tú crees que Escapucio Ramos sea de la guerrilla? —preguntó Bryndis.

—Pues supongo que sí —dijo Olaf—. Si era el contacto para la venta de las armas tendrá que ser guerrillero. El cabo Estupiñán nos dijo que el comprador de las armas era la guerrilla. Pero claro, tenemos que comprobarlo y, sobre todo, saber los cómo y los porqués del asunto. ¿Te sientes con fuerza para seguir?

—Me conoces, Olaf. La fuerza es mi modo de ser.

—De aquí en adelante la cosa se pone peligrosa —insistió Olaf—. Tenemos que estar bien atentos y, sobre todo, no comentarlo con nadie.

—Tienes razón.

En ésas estaban cuando apareció Estéfany en uno de los corredores. Tenía puesto un pantalón muy bajo. Al ver a Olaf K. Terribile se acercó.

—Buenos días, señor periodista —dijo—. Aquí me tiene a su disposición.

—Ah, sí, un momento —dijo Olaf con las mejillas coloradas.

Entonces se acercó al oído de Bryndis.

—La conocí anoche en la discoteca —susurró—. Me va a contar algunas cosas algo privadas, así que la entrevistaré en mi habitación. Nos vemos más tarde.

Al levantarse del sofá, Bryndis, algo sorprendida, lo retuvo, sacó del morral un condón y se lo metió en el bolsillo de la camisa.

—Úsalo —le dijo—. No es bueno dejar descendencia en las guerras, y mucho menos pegarse un sida, una gonorrea o una cándida. Es de los ultrafinos, así que no perderás nada.

—Pero Bryndis, yo no...

—Ve, ve que la mujer te está esperando. Y no pongas esa cara, Olaf, ni que fueran a sacarte una muela.

El corresponsal maltés se fue con la mujer hasta las escaleras del fondo y Bryndis los vio alejarse, sin perderlos de vista un solo segundo. De repente, el lápiz de notas se hizo trizas entre sus dedos, fuertes y repletos de anillos.

Al llegar a la habitación, Estéfany entró al baño y Olaf acomodó los dos sillones en torno a una mesa ovalada. Extrajo de su maletín grabadora de bolsillo y libreta de notas y escribió en lo alto de la hoja: «Historias humanas N° 9. Estéfany. Bar La Catedral.» Luego se sentaron a charlar.

—Dime de qué quieres que hablemos —dijo ella.

—Bueno, tú anoche me ofreciste muchas historias. Podríamos empezar por la tuya.

Estéfany cruzó la pierna dejando ver dos apetitosos muslos. Encendió un cigarrillo y empezó a hablar.

—Lo primero que hice cuando empezó la guerra fue vivir de los ahorros. Ya te dije que perdí los trabajos que tenía, que hubo quiebras y cierres. Me quedé en la calle. Para empeorar la situación, yo era una jovencita del norte, lo que en la Bogotá de antes de la guerra quería decir una niña bien, una *yuppie*. Te podrás imaginar que el nombre de Estéfany no es real, ¿no? Semejante horror de nombre. Lo uso para proteger mi identidad y para imaginar que la que está viviendo toda esta locura es otra y no yo, la que yo sé que soy. La verdadera, de algún modo, está a salvo. Como te dije mi familia se fue a la costa atlántica, adonde otros familiares, pero yo, descreída, de güevona, me quedé aquí. Y entonces empezó lo bueno. Las noches de bombardeos más intensos las pasé con mi novio, que tenía un estudio en la zona de Cedritos, pues mi apartamento de soltera quedaba en plena zona rica de la ciudad, en Nogales, un barrio que ya casi desapareció por los bombazos. Mi novio me recibió en su estudio y yo saqué la plata del banco, pero luego él se enroló de voluntario y yo me quedé sola. En fin, te cuento rápido, en una frase, decisiones que duraron semanas en madurar, que pasaron después de muchas noches de insomnio y dudas, ¿me entiendes? Cuando se perdió el aeropuerto y el hotel Tequendama empezó a llenarse de periodistas extranjeros, pues decidí buscar trabajo. Me contrató una oficina de prensa alemana que trabajaba aquí, en los cuartos 1107 y 1108. Eran tres corresponsales y un jefe. Tenían instalado mucho equipo, teléfonos satelitales, computadores y esas cosas. El jefe se llamaba Franz y los tres pe-

riodistas eran Kurt, Hans y Michel. Mi trabajo era tradu-
cirles al inglés las noticias del radio y, cuando había, de la
televisión, pues en esa época todavía no habían volado las
torres repetidoras. Me pagaban cuatrocientos dólares a la
semana. Yo debía estar en la oficina traduciendo los in-
formativos de las nueve al mediodía. Luego, por la tarde,
servirles de intérprete por si tenían alguna entrevista, tra-
ducir los noticieros de las ocho de la noche. Así pasaron
dos semanas.

»Pero una tarde de muchas bombas y combates en la
zona de la avenida Boyacá, Franz, el jefe, me pidió que me
quedara después de los noticieros, pues parecía que iba a
haber nuevos ataques. Los tres periodistas estaban en la
calle, cubriendo las acciones del ejército. Franz sudaba a
chorros por el trabajo y yo también estaba muy cansada.
Entonces me dijo que se iba a dar una ducha y que estuviera pendiente de las noticias y del receptor de despachos
internacionales. Me explicó que si la pantalla se ponía de
color rojo y se oía un pito, pues que era un boletín, es decir lo máximo en gravedad, una noticia importantísima, y
que sólo por algo así le podía golpear en la puerta del baño, y yo le dije que sí, haciéndome la que no sabía, imagí-
nate, si yo había estudiado periodismo, pero en fin. Me
quedé sola, vigilando las pantallas, pero no sucedía nada.
Entonces encendí un cigarrillo y continué trabajando con
una traducción de una entrevista hecha por la mañana
cuando sentí un golpecito en el hombro. Pegué un grito.
Cuando me di vuelta vi a Franz. Estaba desnudo y cho-
rreaba agua por todo el cuerpo. En la mano tenía una toalla. «Sécame», dijo. Pasado el susto me entró una rabia in-
mensa y le dije que no, yéndome hacia la puerta. Pero él
me dijo que me calmara, que no tenía nada de que asus-
tarme, dijo que él era un hombre y yo una mujer y que eso

era lo más normal del mundo. Lo miré y le vi la barriga llena de pelos amarillos y debajo un pipí rosado en erección y unas caderas blancuzcas llenas de estrías, granos y lunares, y un culo de piel caída, como el de los elefantes. Una cosa horrible, te juro. Me dijo que íbamos a tener mucho trabajo por esos días y que ya había pedido a la redacción central, en Frankfurt, un aumento de sueldo para mí a partir de la siguiente semana. Seiscientos dólares. Dijo que era una bobada que dejáramos de trabajar ahora que ya nos conocíamos y que la relación era buena. Yo le contesté que no quería acostarme con él por plata, que prefería quedarme con el sueldo de siempre, pero él dijo que no, que abajo, en el *lobby*, había un montón de señoritas bilingües esperando para subir a trabajar con él, y que debía tomar una decisión. Entonces yo, para ganar tiempo, le dije que podría hacerlo pero no ahí, en ese instante, que me dejara acostumbrarme a la idea hasta el otro día. Así quedamos pero no gané gran cosa, pues a la noche siguiente me propuso que entráramos juntos a la ducha. Y lo hice, ¿qué más podía hacer? Me abrí de piernas y se lo chupé, y todo por seiscientos dólares a la semana, y así quedé de noviecita de Franz los siguientes dos meses, contestándole además las llamadas de la esposa y pasándole al teléfono a las hijas, que debían tener la misma edad mía. Luego a Franz lo trasladaron, pero él debió de decirle algo al que llegó de reemplazo pues el tipo, que se llamaba Klaus, me salió con el mismo cuento. Y así estuve hasta que una noche fui a La Catedral con una amiga que le hacía traducciones a una agencia francesa y nos dimos cuenta de que allá los mismos periodistas nos ofrecían trescientos dólares por ir a la cama. La primera noche salí con novecientos billetes en el bolsillo, así que mandé a Klaus a la mierda y me dediqué a este trabajo. Como te dije ayer, si lo tengo que dar, que me lo paguen bien caro.

Al decir estas palabras, Estéfany descruzó las piernas y encendió otro cigarrillo, pero Olaf se mantuvo a distancia. Luego ella se levantó, fue hasta él y le acarició el cuello.

—Oye, no tienes por qué seguir fingiendo —le dijo—. Por mí, ya puedes empezar a tocarme.

Le agarró una mano y se la acercó a los muslos, pero Olaf la retiró.

—No puedo, Estéfany, de verdad que no —le dijo—. Me gustas mucho, pero amo a otra mujer.

—Dios mío, no puedo creerlo —dijo—. Todo el mundo ama a otra mujer, pero eso no impide acostarse con otras, ¿de qué planeta vienes?

—Soy de Malta. Me interesó mucho tu historia y haré un reportaje humano. Te pagaré doscientos dólares, ¿es suficiente?

—Sí. Por ese precio podría incluirte algo más, si quieres.

Olaf se quedó pensando. Entonces le dijo:

—¿Recuerdas a la mujer con la que estaba charlando cuando llegaste?

—Sí, es una tipa muy atractiva, ¿es tu novia?

—No. Lo que quiero pedirte es que encuentres el modo de que ella entienda que entre tú y yo no pasó nada, que no te di cita en el hotel para acostarme contigo, ¿entiendes?

—Eso es facilísimo, pero si ella te gusta de verdad déjala que se imagine cosas. Ven, bajemos. Ten confianza que yo sé el lenguaje que hay que usar en estos casos.

—¿Y por qué lo sabes? —preguntó Olaf.

—Pues porque yo soy igual. ¿Vamos?

Al acercarse a él vio el condón que Bryndis le había

puesto en el bolsillo de la camisa. Con un movimiento rápido lo sacó y lo abrió.

—Si de verdad no querías nada, ¿para qué trajiste esto?

—No fui yo quien...

Pero se dio cuenta de que era inútil darle una explicación. Entonces bajó la guardia.

—Piensa lo que quieras, estás en tu derecho. Ten —le dijo, dándole doscientos dólares—. Gracias por tu historia.

Estéfany dudó en coger los billetes, pero al final lo hizo. Luego bajaron juntos al *lobby*. Bryndis estaba sentada en el bar con otros corresponsales, entre los cuales Olaf reconoció a Eva Vryzas, de *Komfax*, y a Teodoro Camping, del *Manila Times*. La saludó de lejos y ella se acercó. Pero cuando estaba a punto de llegar, Estéfany sacó los dos billetes de cien y los metió en el bolsillo de la camisa de Olaf.

—Te encargo ese regalito, Olaf —le dijo, dándole un beso en los labios. Y agregó mirando a Bryndis—: Atácala después de un bombardeo, después de que haya vivido algo difícil, o cuando tenga miedo. Ahí va a ser tuya. Si no lo haces, entonces serás siempre un cobarde. Acuérdate, un cobarde, y no habrás aprendido nada de Bogotá. Bueno, amigo, te dejo con tu historia, que nunca me contaste. Yo ya te di la mía. Chao. —Luego se fue.

Bryndis escuchó la frase de Estéfany pero no dijo nada. Simplemente la observó de espaldas, alejándose por el corredor. Cuando la mujer salió del hotel le dijo a Olaf:

—¿Qué, sacaste lo que querías?

—Sí —dijo él—. Esa mujer tiene una historia muy interesante.

—Me alegro, Olaf. Me alegro. Ven. Tomemos algo que hoy hay poco trabajo.

En la tarde vieron a Estupiñán, que venía con el uniforme manchado.

—Se me regó el helado, doctor Olafo —dijo—. Buenas tardes, señorita.

Le contaron acerca de la idea de ir a la zona sur.

—¿Al lado de la guerrilla? —Estupiñán dejó caer la cucharita con la que mezclaba el azúcar de un café.

—Sí —dijo Bryndis—. Queremos saber quién es el contacto de los dos militares. Tenemos el nombre.

Bryndis le mostró el cuaderno a Estupiñán con los datos escritos por el teniente Cote. Estupiñán no se reponía de su sorpresa.

—¿Y cómo van a hacer para ir allá?

—Bueno, tenemos una persona —dijo Olaf—, y luego con dinero.

Estupiñán los miró de reojo y, mordiéndose el labio superior, les dijo:

—Yo hasta allá no llego. No sé si pensaban proponérmelo, pero yo a esa zona no voy. Uno tiene sus límites y éste es el mío. No, señor.

—Bueno, cabo —le dijo Bryndis—. Nosotros pensábamos pedirle ayuda, pero comprendemos sus sentimientos. Gracias por decirlo.

Estupiñán se quedó mirando el nombre en la agenda mientras se daba golpecitos con el índice en la barbilla.

—Escapucio Ramos, Escapucio Ramos... Me suena ese nombre. El problema es que en los barrios de Restrepo y San Carlos hay un montón de Escapucios. Mucho Escapucio por allá. ¿Alias Pirinola? Eso sí que no me suena. Parece el nombre de un payaso. Bueno, trataré de preguntar por mi lado. Si los de la investigación ya tienen esos nombres deben de saber quién es. A partir de ahora seré todo orejas.

V

El jueves por la mañana Bryndis y Olaf salieron muy temprano del hotel, con Casimiro de guía, provistos de sendos morrales en los que habían guardado un par de mudas de ropa limpia. Casimiro decidió acompañarlos, pues la noche anterior había caído un poderoso aguacero y la mayoría de las trincheras estaban inundadas, así que debían buscar una ruta diferente para ir hasta el cementerio. Había combates cerca y podían escucharse las detonaciones, el golpe seco del mortero y el chirrido cortante de las balas trazadoras.

Así, el triunvirato cruzó la avenida Veintiséis y se adentró en un barrio en el que la destrucción era realmente total. Los edificios, de no más de seis pisos, parecían brasas apagadas. Las calles estaban llenas de cráteres, vidrios, carcasas de automóviles y restos de muebles que, sin duda, los habitantes lanzaron por las ventanas en un desesperado (e inútil) intento por salvarlos de las llamas. La única presencia viva que encontraron durante el trayecto fue un gato. El grupo se movía rápido y en silencio. Casimiro, a la cabeza, conocía bien el camino para rodear el cementerio y entrar por la parta trasera, al lado de unas antiguas bodegas industriales. Esta vez emplearon en llegar cerca de dos horas y, cuando al fin encontraron el mausoleo de la familia Páez, Nelson Alfonso Colmenares ya los esperaba, fumando un cigarrillo.

—Felices los ojos, mis queridos, se me iban como demorando, ¿no?

—Ay, Nelson Alfonso —dijo Casimiro—. Lo que pasa es que la Veintiséis está llena de charcos y es más expuesta. Los tuve que traer por atrás.

—Noo, qué vueltonón —dijo Nelson Alfonso—. Deben estar rendidos, siéntense y descansen, ¿no les provoca un tintico?

Al decir esto sacó de su bolso un termo y vasitos de plástico. Olaf aceptó. Bryndis dijo no y, a su vez, sacó una cantimplora del morral.

—¿Puedo ofrecerles? Esto es algo un poco más fuerte —dijo.

El líquido, que parecía agua, resultó ser vodka.

—Uy, mamita —le dijo Casimiro—. ¿Qué haces metiéndote esto tan temprano? No son ni las diez.

—Ya es por la tarde en Rejkiavik, donde se fabricó mi hígado. Vamos a vivir cosas tensas y es mejor tener el alma en su sitio.

Le dio un sorbo largo a la cantimplora. Olaf bebió despacito su café.

Al terminar, Nelson Alfonso les dijo:

—Bueno, les tengo lo siguiente. Hoy vamos a cruzar por una parte un poco secreta, así que les voy a pedir el favor de ponerse unas vendas en los ojos. Allá les tengo resuelto el alojamiento y la comida por tres días. Y luego el viaje de regreso. ¿Estamos de acuerdo?

—Sí —dijo Olaf.

—*Okay* para mí —agregó Bryndis.

—Bueno, mi querido —dijo Casimiro—, entonces te los dejo. Nos vemos aquí el sábado.

—Exactamente, el sábado. Y te traigo de lo otro también.

Entonces, con cara solemne, Casimiro se dirigió a los dos periodistas.

—Cuídense mucho y no hagan más locuras —les dijo.

Luego se fue por una de las estrechas calles laterales del cementerio. Y de nuevo los tres, con la guía de Nelson Alfonso, se pusieron en marcha, en medio de una llovizna fría. A lo lejos se escuchaba el eco de los cañones. Los tiros provenían de la zona norte, por los lados de la antigua carretera de La Calera.

Salieron por la parte trasera del cementerio. Allí, Nelson Alfonso tenía parqueado un viejo Renault 4 color zanahoria. Bryndis fue adelante y Olaf atrás.

—Vamos a hacer una parte en mi cafeterita —dijo—. Bienvenidos a bordo. No se preocupen, todos conocen mi carrito y nadie nos va a disparar.

Al acercarse a la avenida de Las Américas se notaba el ir y venir de medios militares, pues ya se avecinaba la primera línea del frente, en la avenida de los Comuneros. Casimiro bajó un poco hacia el occidente y luego se detuvo. En ese momento les dijo a los periodistas:

—Caballero, damisela, qué pena pedirles esto tan aburrido, pero es que no hay de otra.

Les alcanzó dos vendas negras. Con ellas puestas, el Renault 4 se puso de nuevo en marcha, y entonces Olaf se mantuvo atento a los ruidos. Primero se detuvieron y, por el sonido y el aire, notó que Nelson Alfonso abrió la ventana e hizo algo, que pudo ser un gesto con la mano. Pero no dijo nada. Luego avanzaron otro poco y volvieron a detenerse. Así cuatro veces, hasta continuar la marcha.

—Ya, mis queridos, ya pueden quitárselas.

Lo que vieron no era muy distinto de la ciudad que ya

conocían. Inmensos cráteres en el asfalto, pues algunas de las bombas que caían de los aviones eran más potentes que los simples morteros. Vieron destrucción, casas reconstruidas con plásticos y latas, algún que otro civil por la calle. Los guerrilleros tenían uniformes muy parecidos a los del ejército nacional pero usaban botas de caucho. Había mujeres uniformadas y todos eran muy jóvenes. En ocasiones, casi niños. La mayoría llevaba la metralleta terciada y, en medio de trincheras y nidos de ametralladoras, parecían ocupadísimos con la guerra. Un rato después llegaron a un barrio de calles muy estrechas. En ese lugar, la destrucción parecía menor. Tanto que había algunos comercios abiertos, cafeterías, ventas de licor y de calzado. Todo era muy extraño.

—El barrio Restrepo —dijo Nelson Alfonso—. Bájense, ya llegamos. Ésta es mi casa.

Señaló un viejo edificio cuyos vidrios habían sido reemplazados por plástico. Sobre la puerta de entrada había un letrero que decía «La Flor de la Canela, esteticién unisex Nelson Alfonso Colmenares».

Bajaron del carro y entraron, en un ambiente de seguridad que, del otro lado, del gubernamental, jamás habían sentido.

—Aquí tengo el salón de peinado, allá el de masajes y esa puerta de allá es para las consultas privadas. Pero vengan que en el segundo piso hay un apartamentico. Suban.

Se instalaron en una habitación con dos camas. Todo era muy modesto, pero confortable. Entonces Nelson Alfonso se sentó en el sillón del dormitorio y les dijo:

—Bueno, mis queridos, ahora sí llegó el momento de hablar en serio. A ver, ustedes, ¿qué es lo que quieren exactamente?, estaban buscando a alguien, ¿no?

—Sí —dijo Bryndis—. Queremos saber quién es y qué actividad hace una persona. Y ya. Luego nos devolvemos.

—¿Y se puede saber el nombre de esa persona? —preguntó el esteticién.

—Bueno, todo a su tiempo —dijo Olaf—. Yo quisiera saber primero si usted está dispuesto a ayudarnos y cuánto nos cobra por esa ayuda.

—Ay, a mí me encantaría que me dijeran que se quieren hacer una permanente o corte de pelo nuevo, que tienen una fiesta y necesitan un cambio de *look*, algo así. Pero en fin, en tiempos de guerra... Serían trescientos dólares en efectivo.

—Bien, trato hecho —dijo Olaf.

—Éste es el nombre —dijo Bryndis sacando el cuaderno—: Escapucio Ramos, alias *Pirinola*.

—Dios mío, ¿otro Escapucio? Por aquí está lleno. Vamos a ver. Escapucio Ramos, Escapucio... *Okay*, ya sé qué vamos a hacer para comenzar. Tenemos que salir pero, por cierto, dejen esas chaquetas aquí y pónganse éstas —dijo sacando del armario dos viejos sobretodos—. A este lado de la ciudad prácticamente no hay periodistas ni extranjeros y es mejor no poner nerviosa a la gente. Señorita, yo le pediría, además, que se recogiera el pelo en un moño, así no se le nota tanto que es mona.

—¿Mona? —dijo Bryndis.

—Así les decimos aquí a las rubias, no se me ofenda, mami. Venga yo le arreglo ese pelo, que es divino, en un volar. Doctor Olaf, por favor, deje todo aquí y sírvase vestir esto.

Salieron a la calle, pero justo en ese instante hubo una seguidilla de explosiones bastante cerca, así que volvieron a entrar.

—Son los helicópteros artillados del ejército. El único bollo es que aquí cerca hay un depósito y los del lado de allá creen que tiene armas. Cada rato le pegan y nada. A lo mejor sí tiene armas, yo qué voy a saber.

—Pero qué dice la gente de este lado —preguntó Bryndis—. Me refiero a la guerrilla. ¿Qué dicen de la guerrilla?

—No dicen nada, porque aquí es mejor quedarse calladito, ¿me entienden? Shh, silencio. Es mejor no opinar ni quejarse. Así están las cosas, señorita. Los muchachos que combaten en primera línea ni saben lo que hacen, y ahora están embriagados de poder. Los jefes no salen a combate hace años y ni siquiera están en Bogotá. Si vieran las barrigas que gastan... Puro whisky del fino, banquetes y viejitas. Según he sabido, hasta hay algún que otro mariposo entre los comandantes y dizque se arman unas fiesticholas regias. Eso me han dicho. Claro, con tanto jovencito que tienen. Pero bueno, salgamos que ya pasó la chumbimba.

Había pasado, en efecto, pero el aire traía un olor a pólvora que a Olaf le produjo arcadas. A pesar de ser mediodía, ya estaba oscuro. El tiempo lluvioso y toldado, más el humo de los incendios, tapaban la luz con un aire repleto de ceniza, tanto que las calles parecían proyectadas por un viejo televisor en blanco y negro. Y así caminaron, pegados a los muros. Corriendo en las esquinas y cruzando calles de uno en uno. Cerca de una hora más tarde, Nelson Alfonso entró a una especie de galería que, antes de la guerra, pudo haber sido un modesto centro comercial, y bajó tres pisos por las escaleras de servicio. Allí golpeó una puerta hasta que un hombre armado salió a recibirlo con cara de pocos amigos. Nelson Alfonso les pidió esperar y parlamentó un rato antes de llamarlos. Luego pasaron a un corredor bastante oscuro y maloliente.

—¿Dónde estamos? —preguntó Olaf.

—Vamos a conseguir un poco de información —dijo Nelson Alfonso quitándose la chaqueta y quedando con un pantalón blanco bastante ceñido.

Al fondo del corredor había un gimnasio. Un antiguo gimnasio, se entiende. Allí, varios hombres armados, aunque sin uniforme, fumaban hierba y miraban hacia el suelo, como si estuvieran concentrados en algo sumamente importante y personal. En el centro, un aparato de radio escupía sonidos metálicos y, de vez en cuando, frases incomprensibles, letras y números que, pensó Olaf, debían de ser claves de identificación. Uno de ellos, un tipo gordo con una chaqueta impermeable, dirigió su mirada al grupo y dijo:

—Hombre, Nelson Alfonso, ¿cómo me le fue por allá?

—Bien, bien —respondió el esteticién.

—¿Viene con amigos?

—Sí, amigos extranjeros.

—Ah, espere que ya le llamo al jefe.

El gordo se perdió detrás de una puerta y Bryndis se quedó mirando el curioso espacio. Un aparato para levantar pesas, colchonetas, dos aparatos para desarrollar los músculos del pecho, bíceps, tríceps, en fin, pero los hombres que estaban ahí no parecían usarlos más que como sillas. En dos de las paredes, a una altura de un metro cincuenta, vio orificios de bala en medio de manchas oscuras. La puerta volvió a abrirse y el gordo los llamó.

—Vengan, el jefe quiere saludarlos.

Olaf se acercó a Bryndis y le dijo al oído que se cubriera con la chaqueta, pues pensó que tal vez no era bueno mostrar sus atributos, pero ella le dijo al oído: «No sé de qué atributos hablas.» Luego Olaf no pudo decir nada más.

El jefe era un tipo delgado y fuerte. Sus oficinas, en realidad, eran una prolongación del gimnasio y, de hecho, él parecía haber hecho deporte hasta hacía muy poco, pues estaba en pantaloneta y con el torso desnudo, un torso, por cierto, con los músculos muy marcados. Sudaba por la frente y las axilas. Al verlos hizo un chasquido con los dedos y dos guardaespaldas le colocaron en la espalda una bata de toalla. Otro le alcanzó una botella de agua mineral Perrier, una marca francesa, lo que llamó poderosamente la atención de Olaf.

—Siéntense, por favor —les dijo—. ¿Quieren un poco de agua? Está fresquita.

Una especie de mayordomo abrió una nevera, sacó otra botella verde y sirvió tres vasos. Nelson Alfonso hizo las presentaciones especificando la nacionalidad de cada uno y luego dijo que habían venido hasta su oficina porque los periodistas buscaban a una persona.

—Interesante —dijo el jefe, mirando a Bryndis—. ¿Y qué se dice en Islandia de esta guerra? ¿Quién dicen allá que va a ganar?

—Allá no dicen nada —respondió Bryndis—, sólo leen. Leen lo que yo escribo.

—¿Y tú qué opinas? —insistió.

—Yo creo que la perderá el primero que se canse —dijo Bryndis—. Pero el país, de todos modos, ya la perdió hace mucho tiempo.

El guardaespaldas le volvió a llenar el vaso a su jefe. Luego le dio una manotada de pastillas para los músculos.

—¿Y a quién andan buscando? —dijo.

Olaf y Bryndis se miraron, luego Bryndis miró a Nelson Alfonso. En un segundo quedó establecido que era ella la que debía hablar.

—Se llama Escapucio Ramos, le dicen *Pirinola*.

—Escapucio Ramos... —repitió el jefe, diciendo muy despacio el nombre—. Qué cantidad de Escapucios los que hay por este lado de la ciudad, ¿no?

—Eso nos han dicho —dijo Bryndis.

El tipo se los quedó mirando. Luego se levantó de la silla.

—Y díganme una curiosidad, ¿qué hizo el Pirinolita para que gente como ustedes lo anden buscando?

—Entonces sí lo conoce —dijo Bryndis.

—Cómo no lo voy a conocer... El Pirinola es más conocido que el Divino Niño. ¿En qué lío se metió?

—En realidad, en ninguno —dijo Bryndis—. Pero nos gustaría hablar con él. Hacerle una entrevista.

—Bueno, eso sí que me parece raro —dijo el jefe—. ¿Una entrevista a Pirinola? ¿Vinieron desde Europa para entrevistar a Pirinola?

El jefe hizo una sonrisa y miró a los guardaespaldas. Ellos, al verlo, soltaron una compulsiva carcajada.

—Ésa sí está buena, ¡venir desde Europa para entrevistar a Pirinola!

Llegaron a reírse tanto que hasta Bryndis y Olaf empezaron a sonreír. Nelson Alfonso, que al principio estaba un poco nervioso, ahora tenía los ojos aguados de la risa.

—Claro que no hay problema, yo se lo consigo esta misma noche, pero antes me tienen que decir por qué les interesa.

—¿Usted es comandante de la guerrilla? —le preguntó Bryndis.

Olaf la miró asustado. Luego bajó los ojos.

—No, no. ¿Tengo cara de guerrillero? —dijo—. Yo soy un hombre de negocios. No creo ni en la política ni en la revolución. Ni siquiera creo en la guerra. La guerra es algo que pasa, como el frío o la neblina. Hay que acostumbrarse.

—Pero la hacen las personas —dijo Bryndis.

—Sí, pero una parte irracional que es tan incontrolable como el mal tiempo. ¿No me va a decir qué fue lo que hizo Pirinola?

—Sí, claro que sí se lo voy a decir —dijo Bryndis—. De hecho, usted puede acompañarnos a la entrevista, si quiere. Lo que pasa es que no se lo quiero decir delante de tanta gente.

—Ellos son como mi conciencia —dijo el jefe señalando a sus guardaespaldas—, y el resto son sus amigos.

—Demasiados amigos, ¿no le parece? —insistió Bryndis—. Hay un proverbio árabe que dice: «Lo que no debe saber tu enemigo, no se lo cuentes a tu amigo.»

El hombre la escuchó muy serio, luego fue hasta una puerta, la abrió y la invitó a venir. Cuando ella se levantó, uno de los guardaespaldas le abrió el bolso y la cacheó. Al ver que no tenía nada extraño la dejó continuar. Adentro había una oficina más pequeña, un despacho y dos sillas de cuero. Como casi todo en ese lugar, los tres elementos parecían fuera de contexto.

Bryndis, muy segura de lo que hacía, sacó su cofre y se hizo una raya de coca en el antebrazo.

—¿Quiere? —le dijo al jefe.

—Espere, espere... —le dijo él—. No se meta eso. Pruebe ésta.

Abrió una gabeta del escritorio y sacó un cenicero repleto de polvo blanco. Con un cortapapel hizo dos líneas sobre una superficie de vidrio. Todo muy profesional.

—Ésta es mejor, pruébela.

Bryndis inhaló y levantó la cabeza temblando.

—Es pura dinamita —dijo—. Uy, ¿qué grado de pureza tiene?

El jefe se metió otras dos rayas y volvió a guardar el cenicero y su base.

—Toda la pureza que existe. Frente a ese polvo, usted y yo somos dos bolsas de mugre.

Bryndis se rió y él se la quedó mirando.

—Tiene una bonita sonrisa, ¿cómo dijo que se llamaba? —dijo él.

—Bryndis, sé que es un nombre un poco extraño, pero así me llamo.

—Bueno, ¿me va a contar lo de Pirinola o no?

—A condición de que usted me cuente quién es Escapucio Ramos, y que me dé un poco más de eso antes de salir.

El jefe hizo una leve sonrisa.

—Usted me cae bien.

Abrió una neverita, sacó una botella de agua Perrier y dos vasos. Los sirvió hasta el borde.

—Usted es el primer colombiano que conozco que no bebe alcohol —le dijo Bryndis.

—Es que soy muy deportista, y además no soy ciento por ciento colombiano. Mi mamá era peruana.

—¿Era? —preguntó Bryndis.

—Murió en un bombardeo el año pasado —dijo—. Ya estaba viejita la pobre.

—Lo lamento.

—Gracias —dijo el jefe—. Fue el ejército. Localizaron a una milicia guerrillera en Popayán y le lanzaron varios misiles desde un helicóptero. Mi vieja tenía la casa al lado de un colegio donde habían instalado rampas y lanzacohetes. No quedó ni el pegado. Pobre vieja. Por lo menos murió dormida, porque esto fue de noche.

—Reciba mis condolencias.

—Gracias. Le voy a contar quién es Escapucio Ramos,

alias *Pirinola* —dijo el jefe—. Vea, es un comandante de la guerrilla que viene de la región del Caquetá y que durante años, antes de que empezara el cerco de Bogotá, estuvo operando en el Sumapaz. Le voy a poner las cosas así, Bryndis: él me trae algo de los Llanos que para mí es fundamental, y yo se lo pago con lo que sea. Incluso con dólares.

—¿Lo que me acaba de dar? —dijo Bryndis, señalándose la nariz.

—Exactamente. Ya le dije que era un hombre de negocios. Antes de la guerra era muy mal visto vender estos productos, pero ahora es una cuestión de necesidad.

—Lo comprendo —dijo Bryndis—. Escapucio Ramos, comandante, le trae cocaína del Caquetá y usted la vende.

—Sólo soy un intermediario. Mi organización es pequeña y con la guerra hay que pagar mucho para sacar algo de este país. Mis amigos mexicanos la recogen en la costa y luego me mandan la «lana», como dicen ellos. Es sencillo y seguro.

De repente a Bryndis le asaltó una duda y se lo quedó mirando.

—¿Por qué me cuenta todo esto?

—Porque usted me lo preguntó —le dijo—. No sé por qué me inspira confianza, tal vez por haberme ofrecido un poco de polvo. ¿Lo hizo premeditadamente?

—No —dijo Bryndis—. Lo hago cuando me pongo nerviosa o cuando bebo mucho.

—¿Sigue estando nerviosa?

—No, ya no. Usted es una persona muy educada.

—Todavía no me ha dicho qué fue lo que hizo Pirinola.

—Iba a comprarle al ejército nacional un bus repleto de armas, pero la misma guerrilla le disparó cuando atravesaba Bogotá hacia el sur.

—¿Un bus con armas? —dijo el jefe, preocupado.

—Sí.

—¿Y dónde lo interceptaron?

—Bueno, alcanzó a llegar hasta la Veintiséis. Le dispararon desde Monserrate.

—¿Cuántos muertos?

—Ninguno, iban dos adentro y quedaron heridos. Nada de importancia.

—¿Y por qué se relaciona eso con Pirinola? O mejor dicho, ¿cómo saben ustedes que Pirinola era el comprador?

—Le voy a ser sincera —dijo Bryndis—. Yo le saqué el nombre a una persona que está investigando del lado del ejército. No sé cómo lo obtuvo él, eso no me lo dijo, pero sé que era el contacto.

—¿Tiene los nombres de los que traían el bus?

—Sí, los tengo —dijo Bryndis.

—Ahora le va a tocar tener confianza a usted, Bryndis. Dígamelos y esta noche nos reunimos con Escapucio. Si quiere se lo llevo a La Flor de la Canela.

—¿Cómo sabe que estamos allá?

—Le voy a contar más cosas. Nelson Alfonso es mi peluquero y pedicuro, pero además me pasa droga al otro lado y se la da a mis vendedores. Yo tengo allá un grupito de amigos que me la distribuye. Por cierto, ¿cómo conocieron a Nelson Alfonso?

—A través de Casimiro, el peluquero que trabaja de lustrabotas en el hotel Tequendama.

—Ah, Casimiro, sí. Él es amigo mío también. Por favor, Bryndis, no vaya a pensar que soy como ellos.

—¿En qué sentido?

—En el sentido sexual.

—A mí me tiene sin cuidado que ellos sean gays —dijo Bryndis—. Yo también, a veces, soy un poco lesbiana.

¿Casimiro reparte droga en el hotel? Entonces la que le ofrecí al entrar es suya.

—Es muy posible —dijo el jefe—. Pero todavía no me ha dado los nombres de los que iban en el bus.

—No, es verdad. No se los he dado —le dijo Bryndis—. Se los diré esta noche, así tendremos algo que darnos, mutuamente. Usted es un hombre atractivo, ¿cómo debo llamarlo?

—Carlos, a secas.

—Muy bien, amigo Carlos —dijo Bryndis levantándose—, nos vemos esta noche. Lo espero en la peluquería a las ocho.

Antes de abrir la puerta de la oficina el jefe la llamó, «Bryndis, llévate esto», y le lanzó una bolsita plástica repleta de polvo blanco.

VI

Olaf había terminado de planchar una camisa y Bryndis tomaba notas a mano en un cuaderno cuando golpearon a la puerta. Era Nelson Alfonso.

—Ya llegó el jefe, mis queridos. Y vino con visitante.

—Vamos —dijo Olaf.

Nelson Alfonso tenía puesto un delantal amarillo con una gigantesca margarita en el centro. Dijo:

—A ver, ¿los presento?

—No —dijo el jefe—. Yo hago las presentaciones, usted más bien denos alguito de tomar.

—Listo, jefecito —dijo Nelson Alfonso.

—¿Dónde está la persona que iba a traer? —preguntó Bryndis, al verlo solo.

—Un momento, amiga, un poco de paciencia —respondió Carlos—. Él necesita ciertas seguridades, tampoco es que un comandante pueda venir así, de buenas a primeras, a un sitio, sin saber quién hay y quién no hay. Ya lo llamo, siéntense.

—Listos los traguitos —dijo Nelson Alfonso entrando a la sala con una bandeja—. Ron con limón. Al que no le guste que levante la mano. La otra opción es ron solo. O limonada, para los abstemios.

El jefe, Carlos, llamó a alguien por el vano de la puerta.

—Yo limonada —dijo Olaf—. Gracias.

—Yo ron solo. Doble —dijo Bryndis.

Tomaron el primer trago cuando lo vieron entrar. Tenía un uniforme verde oscuro y un sombrero de corrosca. Llevaba una pistola al cinto, en cartuchera de cuero negra, y una mini Uzi colgada del hombro. Era Escapucio Ramos, alias *Pirinola*, un hombre gordito y de estatura media, más bien media baja. Cuando se quitó el sombrero lució una calva muy bronceada. Olía a sudor y llevaba gafas de aumento con marco de carey. Al estrechar la mano de Olaf, Bryndis vio que tenía un reloj Rolex de oro en la muñeca.

—Escapucio Ramos, muy a su mandar —dijo, presentándose.

Se sentaron. Nelson Alfonso estaba muy emocionado por la recepción. Un segundo después sacó patacones fritos y yucas. También una salsa de ahuacate, papas fritas y maní.

—Hay más allá adentro, así que coman tranquilos —dijo Nelson Alfonso—. ¿Alguien quiere repetir traguito?

—Yo —dijo Bryndis—. Otro doble, por favor.

Olaf la miró nervioso, pero no dijo nada.

—Estos periodistas querían hacerle unas cuantas preguntas, compadre —le dijo el jefe a Pirinola—. Yo le agradeceré que les conteste con sinceridad. Son amigos, gente buena.

—Pregunten a ver —dijo Escapucio—. En lo que les pueda servir, con mucho gusto.

Bryndis encendió un cigarrillo, sacó el cuaderno de notas y preguntó:

—¿Qué relación tiene usted con el capitán Demóstenes Rengifo Moya y con el mayor Aurelio Quesada Marín?

Pirinola se congestionó con el trago de ron que estaba bebiendo.

—¿De dónde sacó esos nombres? —dijo.

Bryndis no respondió. Miró a Carlos, el jefe, y éste enseguida miró a Pirinola, quien recibió el mensaje, algo que puesto en palabras diría más o menos esto: «Haga el favor de contestar, gran marica, ¿no oyó la pregunta de la señorita?»

—Está bien, está bien —dijo Escapucio—. Supongo que las preguntas las hacen ustedes. Bueno, yo a esos dos los conozco hace más de quince años. Hicimos juntos la formación en la Escuela de Policía y después patrullamos en orden público en Palmira y en Buga. Pero yo era el izquierdoso del grupo, así que acabé saliéndome de la Policía y metiéndome a la guerrilla. Claro, a pesar de estar en lados distintos, seguimos siendo amigos. Yo les mando regalos para Navidad y les felicito los cumpleaños. ¿Por qué me lo preguntan? ¿Les pasó algo? Dios quiera que no.

—Bueno —dijo Olaf, atreviéndose a hablar—. Pasó que los agarraron.

En ese instante Nelson Alfonso entró al salón con otras dos bandejas.

—Empanaditas de carne y arepas, señores. Sírvanse. Quedaron deliciosas.

—¿Los agarraron? —dijo Pirinola—. ¿Quién los agarró?

—Les quitaron el bus y de milagro están vivos —dijo Bryndis—. Creo que el negocio se dañó, estimado amigo.

Pirinola se bebió todo el ron de un sorbo, agarró dos empanadas y dijo:

—¿De qué negocio habla, señorita?

—Bueno, ellos traían unas armas para usted. Un bus repleto. No sé el detalle, pero sé que eran sacadas del depósito del ejército en el Cantón Norte. ¿Lo confirma?

Pirinola volvió a agacharse sobre la bandeja de pasabocas.

—De verdad que están ricas las empanadas —dijo Pirinola, hablándole a Nelson Alfonso—, ¿el relleno es con carne y huevo?

—Sí señor —dijo Nelson Alfonso—, más un secretico de la casa que no puedo dar, ¿quieren que frite otra sartenada?

—Por mí está bien —dijo el jefe—. Prefiero escuchar las respuestas de Pirinola. Nelson Alfonso, gracias por todo, pero le voy a tener que pedir el favor de que no nos interrumpa. Escapucio, la señorita le hizo una pregunta.

—Sí, me las traían a mí —dijo, hundiéndose en el sillón—. Claro que sabía todo. Lo que pasa es que no podía decirlo. Era una operación secreta del Secretariado.

—¡Qué operación secreta ni qué mierda! —dijo el jefe, molesto—. Si fue la misma guerrilla la que le disparó desde Monserrate. ¿Sabe una cosa, Pirinola? Ahora es a mí al que más le interesa saber qué es ese cuentico de las armas. Cuénteme todo en detalle.

Escapucio Ramos se sirvió otro vasado de ron, encendió un cigarrillo y tiró una larga bocanada al centro de la sala.

—Bueno, jefe, la cosa fue así: se necesitaba un poco de armamento para reforzar el frente Norte y me dieron el encargo. Yo hablé con estos amigos y llegamos a un acuerdo. Ellos me entregaban las armas y yo se las pagaba. Un negocito sencillo, tradicional. El jefe se levantó, se acercó a la ventana y llamó a sus hombres. «Tráiganlo», dijo.

Olaf y Bryndis se quedaron en silencio, tomando algunas notas. De pronto Escapucio volvió a hablar, señalándolos.

—Pero jefe, ¿cómo es que los deja asistir a esta charla? Vea que la prensa no trae sino problemas.

—Se equivoca, Pirinola —dijo—. En este caso me están ayudando, además yo tengo la promesa de la señorita Bryndis de no usar nombres propios. De hecho, el único que tienen es el suyo, que es el que menos me importa.

—No diga eso, jefe. Tan chistoso.

En ese instante tres guardaespaldas del jefe entraron a la casa llevando a un tipo esposado y encapuchado con una bolsa de tela negra. Al descubrirlo vieron a un joven campesino con la nariz reventada, óvalos violeta en torno a los ojos y mucha sangre en las comisuras de la boca. Al ver de nuevo la luz el joven se derrumbó.

—¡Marlon! —gritó Escapucio Ramos al verlo—, ¿qué diablos pasó?

Los periodistas comprendieron que Marlon era uno de los hombres de Pirinola. Las cosas empezaban a ponerse algo delicadas.

—¡Perdóneme jefe! —imploró Marlon, desde el suelo—. ¡Me torturaron y tuve que decirles todo!

—¿Decirles qué, Marlon, no entiendo?

Otros dos guardaespaldas armados entraron por la puerta de atrás encañonando a todo el mundo. Le quitaron a Pirinola las armas y lo hicieron levantarse.

—Mi querido comandante Pirinola —dijo el jefe—, yo le voy a explicar lo que pasó: usté me quiso joder, me quiso meter el dedo, y eso no se le hace a alguien como yo. Marlon, su hombre de confianza, nos dijo que usted iba a pagar esas armas con cocaína y que ese material iba para un grupo de traquetos de la costa atlántica que está queriendo meterse a Bogotá. ¡Pero usté sabe, Pirinola, que Bogotá es mía!

—¿Qué quiere decir «traquetos»? —preguntó Olaf, en voz baja, a Bryndis.

—Traficantes de droga.

El comandante Pirinola intentó aplacar la furia del jefe, pero cuando quiso hablar uno de los guardaespaldas lo golpeó en el pecho con la culata de una ametralladora, queriendo decir cállese, hombre, cállese.

—Usté y yo teníamos un pacto de caballeros, Pirinola —siguió diciendo el jefe—. Yo le ayudé a subir en esa mierda de guerrilla y usté, a cambio, me surtía el material del Caquetá. Le presenté a los jefes, a los que mandan, lo recomendé. Lo único que le pedí a cambio fue lealtad, que sólo me vendiera a mí porque, como sabe, la competencia está complicadísima. Y ahora usté quiere entrar a negociar con mis contrincantes. Le voy a ser sincero: hace por lo menos un año que hubiera podido empezar a trabajar con otros suministradores de su región, pero no lo hice porque tenía un pacto con usté y le había dado mi palabra, y yo los pactos los respeto.

El jefe se levantó, se sirvió un poco más de agua mineral y encendió un cigarrillo. Luego se dirigió a los periodistas:

—Estimados amigos, quiero pedirles que suban a su cuarto y esperen allá. Lo que va a pasar ahora en esta sala no va a ser muy agradable de presenciar, créanme.

Al escuchar esto, Pirinola comenzó a temblar e intentó acercarse a la puerta, pero los guardaespaldas lo detuvieron.

—Ustedes, a partir de ahora, son mis huéspedes —les dijo el jefe a Olaf y a Bryndis—. No les va a pasar nada. Voy a dar orden de que los lleven de vuelta al lado gubernamental de la ciudad, sea con Nelson Alfonso o con algún otro medio más seguro. Por cierto, del lado de allá tengo un apartamento muy cómodo. Si quieren alojarse ahí unos días será un honor.

—No gracias, Carlos —le dijo Bryndis—. Somos periodistas y debemos estar en el hotel. Son las reglas.

Dicho esto subieron. Nelson Alfonso los observó desde la puerta de la cocina con la mandíbula desencajada por el miedo. Al llegar a la habitación cerraron la puerta y se dieron un abrazo. Olaf estaba temblando.

—Dame algo de tu tranquilidad, Bryndis.

—Ven, abrázate fuerte —dijo ella.

Oyeron varios golpes. Los muros se llenaron de vibraciones muy intensas.

—¿Qué estará pasando allá abajo? —preguntó Olaf.

—Carlos debe de estar torturando al comandante antes de matarlo —dijo Bryndis—. Ya lo oíste, no le es vital y por lo tanto puede sustituirlo por otro. Le servirá como un escarmiento, como un castigo ejemplar. Pobre comandante Pirinola. Qué cruel es la guerra.

—Lo que me hace sentir incómodo, Bryndis, es que de algún modo lo que le está pasando a ese hombre es culpa nuestra. Fue nuestra investigación la que le dio la pista al jefe.

—No, no es culpa nuestra. Le pasa por desleal. ¿No escuchaste a Carlos?

—Bryndis, no hables así. Me das miedo.

—La vida es algo muy romántico y bello y filosófico, si quieres, pero también es horrible, cruel e injusta, y hay ciertas cosas que la sociedad humana no tolera, aun en sus escalafones más bajos. Una de esas cosas es la traición.

Al decir esto escucharon dos golpes secos.

—Ése fue el tiro de gracia —dijo Bryndis—. La verdad es que lo torturaron poco.

Olaf se atrevió a acercarse a la ventana, y al levantar un poco el plástico que remplazaba al vidrio vio a los guardaespaldas sacando de la casa dos bolsas muy grandes para subirlas a una camioneta. Se llevaban los cuerpos. Un segundo después alguien golpeó a la puerta. Era Carlos, el jefe.

—¿Puedo hablar un momento con usted, en privado? —dijo, dirigiéndose a Bryndis.

—Claro, espere un momento.

Salió y fueron a otra de las habitaciones.

—Me gustaría volver a verla, Bryndis —dijo el jefe—. Aquí le doy un número de teléfono en Bogotá y otro en Cartagena. Si algún día le provoca, llámeme. Yo estaré pendiente y esperando.

—Gracias, Carlos, usted es un caballero —respondió Bryndis—. Lo llamaré cuando se acabe la guerra y vuelvan a conectar los teléfonos.

—A veces sirven, es cuestión de intentarlo y tener suerte.

—Hay algo que no he entendido —dijo Bryndis—, ¿quién le disparó al bus desde Monserrate?

—El frente del comandante Omar Quiñones, alias *Heliogábalo* —dijo el jefe—. En realidad, ellos dispararon porque no sabían nada. Pirinola le había untado la mano a varios comandantes, pero no a todos. Se olvidó de Omar Quiñones y ése fue el error que le costó el negocio.

—Y la vida —dijo Bryndis.

—La vida se la había jugado antes y ya la había perdido.

—¿Antes?

—Sí, cuando decidió enviarle la cocaína a los traquetos de la costa atlántica. Yo sospechaba de él, pero cuando vinieron ustedes con la historia salí de dudas. Lamento que usted y su amigo se vieran en medio de este lío. Son las vainas jodidas que tiene este país.

—Supongo que tambіén eso lo hace fascinante —dijo Bryndis—. Al menos para los periodistas.

—Sí, supongo que sí. Tome, Bryndis, un regalo. —Le dio un paquete sellado, envuelto en papel azul—. Nelson Alfonso los va a llevar de vuelta a su hotel con mis guardaespaldas. No se preocupen por nada. Lo único es que habrá que salir bien temprano, a las cuatro de la mañana. Vendrán a recogerlos. Y acuérdese, ya sabe dónde encontrarme.

—Gracias por todo —le dijo Bryndis, dándole un cálido beso en la mejilla.

Al regresar a la habitación, Bryndis guardó el paquete en su bolso y fue a contarle las novedades a Olaf. Él estaba muy nervioso y ella trató de darle ánimos.

—Ven, hay que dormir. Vendrán por nosotros en mitad de la noche.

Se metieron en la cama abrazados, aunque sin quitarse la ropa. Diez minutos después, Olaf dormía sobre el pecho de Bryndis, y ella bebía tragos cortos de vodka procurando no despertarlo.

Llegaron al hotel Tequendama a las cinco y media de la madrugada, y tan sólo diez minutos después se escuchó el primer bombazo. Una granada que hizo un gran estruendo y que vino a caer donde antes estaba la Universidad de Los Andes. Luego otra, dos más, decenas de granadas y obuses golpeando la zona central que tocaba los cerros de Monserrate y Guadalupe. Olaf y Bryndis bajaron a los refugios y encontraron allí a todos los colegas periodistas.

—Te perdí de vista ayer —le dijo Eva Vryzas a Bryndis.

—Sí, salí con Olaf a una misión y volvimos esta mañana.

Tres horas después los bombardeos de lado y lado continuaban. Fue Igor de Kirk, corresponsal del diario surafricano *Transvaal Herald*, quien les dio la pista de lo que sucedía allá afuera.

—Al parecer el ejército logró infiltrar a alguien y mataron a un importante comandante de la guerrilla. El ataque de esta mañana es la respuesta.

Olaf y Bryndis se miraron. Seguro que el comandante asesinado era Escapucio Ramos, alias *Pirinola*. Carlos, el jefe, se llevó el cadáver e hizo pasar su muerte como un operativo del ejército gubernamental, por eso los hizo cruzar tan temprano el frente. Sabía que la venganza sería un ataque fiero a la ciudad.

El bombardeo acabó a eso de las tres de la tarde. Cuando los periodistas salieron del búnker de seguridad, el cielo de Bogotá estaba oscuro, repleto de ceniza por los incendios y también de polvo, levantado por las explosiones. Olaf y Bryndis se quedaron en el hotel tomando notas sobre lo que había sucedido, hasta que el cabo Emir Estupiñán vino a buscarlos.

—Pensé que iban a volver mañana temprano —les dijo Estupiñán—, pero pregunté en la recepción como por no dejar, ¿cómo les fue? Yo les tengo información nueva.

Bryndis encendió un cigarrillo y se bebió otro trago doble de vodka. Luego fue al baño y se metió una raya de coca. Por fin salió y dijo:

—Cuéntenos qué supo, cabo.

—No, pues imagínense que los dos oficiales estaban actuando bajo órdenes de unos traquetos de... ¿saben qué es un traqueto?

—Sí, cabo, siga con la historia, por favor —dijo Olaf.

—Bueno, pues unos traquetos de la costa atlántica, unos hermanos Solís Achuri. Porque resulta que las armas no las iban a vender sino a canjear, y adivinen... ¡Las iban a canjear por trescientos kilos de cocaína pura traída de los Llanos! ¿Qué tal? Mi amigo, el tipo de las cocinas del que les hablé, consiguió toda la información.

Olaf le contó lo que habían averiguado del otro lado, omitiendo algunos detalles, como el asesinato del comandante Pirinola.

—Bueno —dijo Estupiñán—, ya tienen la historia que querían.

—Sí —dijo Olaf—, es dura, pero buena. En mi periódico estarán contentos, aunque, para mí, no será fácil contarla.

Estupiñán se levantó y caminó hacia la puerta, lentamente.

—Ahora somos nosotros los que debemos cumplir nuestra parte del trato, cabo —dijo Olaf—. Prepárese para el sábado. Pediré tres lugares en el hércules de Naciones Unidas de las dos de la tarde a Cartagena. Venga al mediodía y tráigame una foto, sacada de algún documento viejo. Es todo lo que necesito. Le haré una acreditación de prensa de mi diario y podrá salir de Bogotá con nosotros.

—Muy bien, doctor Olafo. Usted es una persona muy formal. Y usted también, señorita. Nos vemos el sábado a las doce.

Luego, los dos periodistas durmieron en la cama de Olaf, pues estaban cansados y tensos. Pero más que la noche de un hombre y una mujer, Olaf y Bryndis tenían necesidad de estar juntos. En algún momento, recordando las palabras de Estéfany, Olaf le dijo al oído:

—Bryndis, te amo. No me había atrevido a decírtelo.

—No es necesario que lo digas, ni que digas nada. Ya lo sabía.

Lo besó en la boca, intentó quitarle la camisa pero él se resistió.

—¿No quieres hacer el amor? —preguntó Bryndis, desconcertada.

—Prefiero que me digas lo que sientes —repuso Olaf.

—Siento cansancio y excitación.

—Bueno, yo me refería a tus sentimientos —insistió Olaf—. ¿Sientes algo por mí?

Bryndis se quedó mirando al techo. Luego dijo:

—Acostémonos en todas las guerras a las que nuestros diarios nos envíen, pero nunca me pidas que sea tu novia o tu mujer, Olaf. Me gustas, pero dentro de mí hay cosas horribles y es mejor no removerlas. Te haría daño. Odiaría hacerte daño. Ahora duérmete y olvida lo que me dijiste.

VII

El sábado al mediodía Bryndis y Olaf estaban listos en el *lobby* del hotel. Después de una temporada de trabajo duro, lo mejor era pasar unos días de descanso en Cartagena de Indias, sede del gobierno, una ciudad en la que la guerra y el cerco de Bogotá parecían cosas muy lejanas. Olaf tenía listos los documentos para sacar al cabo Estupiñán, acreditándolo como traductor y segundo periodista de *The Presumption* en Colombia.

—Muy buenos días —saludó Estupiñán.

—Estamos con el tiempo justo, cabo, ¿no se ha cambiado de ropa? —dijo Olaf al verlo de uniforme—. Recuerde que los periodistas nos vestimos de civil.

—Yo sé, doctor Olafo, yo sé. Pero es que le voy a cambiar el trato, si no se me ofende —dijo Estupiñán, y al decir esto se alejó unos pasos e hizo venir a una mujer que esperaba cerca de uno de los sillones de la recepción, sin atreverse a sentarse. La mujer tenía en la mano un maletín de tela y una caja de cartón amarrada con piola.

—Les presento a Mariela, mi esposa —dijo Estupiñán—. Venga, mijita, salúdelos que son amigos.

La mujer les dio la mano con timidez y, tras decir su nombre, bajó los ojos al piso.

—Vea, doctor Olafo, es que no sé cómo decirle —dijo Estupiñán—. Yo le pediría que sacara a Mariela. Las dos cosas importantes de mi vida son ella y esta ciudad, así que prefiero que Mariela se vaya a Cartagena con ustedes. Yo me quedo aquí defendiendo. Me hará un gran favor si me la pone a ella a salvo, ¿sí?

Olaf y Bryndis estuvieron de acuerdo. Mientras Olaf colocaba la foto y llenaba la acreditación con los nuevos datos, Estupiñán y su mujer se hicieron a un lado para despedirse. Se dieron un abrazo largo y ella lloró, pero él le limpió las lágrimas. Los dedos de Mariela, a medida que lloraba, se hundían con fuerza en los brazos del cabo. Bryndis los observó de lejos, con respeto.

—Tranquila, Marielita —le dijo Estupiñán—. Vamos a acabar esta guerra de una vez por todas, y luego, cuando esté acabada, usté vuelve y ponemos una peluquería o una tienda o cualquier otra cosa, y yo vuelvo a trabajar en Catastro, pues acuérdese que prometieron guardarme el puesto. Vaya, mamita, y cuídese. Aquí nos vemos en unos meses.

Clichy: días de vino y rosas

No voy a contar, por pudor, cuánto tiempo llevaba sin frecuentar a una mujer. Sólo diré, a manera de abrebocas, que la aparición de Sabrina fue providencial para mi equilibrio psíquico y que, de algún modo, impidió que me decidiera a saltar a los rieles del tren rápido que une a Roissy con Châtelet (cuando viene el tren, se entiende). También contribuyó a evitar que muriera envenenado con esos vinos de tres francos que bebíamos cuando no había plata, es decir casi todos los días. Casi siempre.

Sabrina era pediatra en el centro de salud de Blanc-Mesnil, un barrio pobre al norte de París, y la había conocido por casualidad, durante un trabajo. Con esto quiero decir también que era una casualidad que tuviera un trabajo, pues a pesar de morderme los codos de frío, aguantar hambre y hacer interminables filas para leer las ofertas en los tablones de los centros sociales y de la Eglise Américaine, las oportunidades escaseaban. Era el inicio de los años noventa. París era una ciudad arrogante y voluptuosa, pero los que habíamos llegado por la puerta de servicio éramos pobres como ratas. No había nada, o casi nada, para nosotros. Nos alimentábamos de sueños. Todas nuestras frases empezaban así: «Cuando sea...» Juan José, un peruano, nos dijo una noche: «Cuando sea rico no volveré a hablarles.» Una semana después lo sorprendieron robando en un supermercado y fue arrestado. Había hecho todo bien, pero al llegar a la caja registradora la empleada lo miró y pegó un grito de horror, pues del pelo le escurrían gotas de sangre. Se había escondido dos bandejas de carne debajo de la capucha de su gabardina, pero había dejado pasar mucho tiempo y la sangre atravesó el plástico. A partir de ese día cambió su frase: «Cuando sea rico nadaré en sangre fresca.» Luego supe que lo habían recluido en un psiquiátrico y jamás lo volví a ver.

Otros decían: «Cuando sea actor», «Cuando sea chef». Yo decía: «Cuando sea escritor.» Lo decía y los demás me miraban con una expresión que oscilaba entre el desprecio y la burla, pues lo que sí era, por ahora, era ayudante de mecánico, y lo que a Sabrina le fallaba, el origen del trabajo, era el carburador de un Golf modelo 87, color piel de ratón, un color que, por esos días, tenía mucho que ver con mi vida. Y así fue que Elkin, el ex guerrillero, y yo, su ayudante, llegamos al apartamento de Sabrina en Clichy, esa periferia de clase media al norte de París, y nos dispusimos a trabajar. Como solía suceder, el Golf estaba parqueado sobre la calle, es decir que una vez más nos íbamos a morir de frío. Por eso lo primero fue encender una lata con aceite quemado y colocarla en el andén. Allí, cada tanto, podríamos calentarnos las manos. Sabrina salió únicamente para saludar y darnos las llaves del carro, pero bastó ese instante para que yo quedara hechizado. Ni siquiera era muy bella, pero hablaba con simpatía, y al darme la mano me miró a los ojos. Eso fue suficiente. No hay mucha gente que mire a los ojos cuando uno se presenta con un maletín de herramientas y tiene un pésimo acento francés. Ella lo hizo. Tras el arreglo de su carro salimos a probarlo y todo funcionó, pero al regresar al garaje alguien había robado la caja de herramientas. Y de remate comenzó a llover. Elkin y yo nos quedamos en silencio, mirándonos, sin entender. Con las herramientas se iba el trabajo. Entonces encendimos un par de cigarrillos y nos protegimos de la lluvia, mordisqueando la rabia, hasta que Sabrina propuso invitarnos a almorzar.

Nunca supe qué diablos vio ella en mí, pero tres semanas después yo estaba en ese mismo lugar, recostado en su sofá, en calzoncillos y con el control del televisor en la mano.

La primera noche, por cierto, sentí que estaba en una película. Me invitó a sentarme, en el sofá, luego abrió el bar y me preguntó: «¿Qué quieres tomar?» No supe qué responder y cuando ella propuso un whisky dije que sí, avergonzado. Hacía tiempo que no probaba el whisky. No lo podía creer. La veía acercarse a mí, con el vaso en la mano, y se me aguaban los ojos de emoción. Yo era un mecánico de calle y ella una próspera médica. Como dice Juan Luis Guerra en su canción: «Ella *summa cum laude*, yo suma dificultad.» Pero así fue. Nos enamoramos y, a pesar de que mantuve mi cuartucho de nueve metros cuadrados sin ducha y sin ventana en los altos de una casa elegante de la Rue Dulud, en Neully-sur-Seine, prácticamente me transferí a vivir con ella.

Cuando le conté que quería ser escritor me dijo que había llegado al lugar correcto.

—¿Sabes quién vivió aquí, en Clichy?

Yo no lo sabía.

—Henry Miller —dijo—, en la Avenue Anatole France. Cuando pasemos te muestro la casa.

Me quedé sorprendido, pero la verdad es que París está lleno de casas de escritores. La de Miller, en el número cuatro de la avenida Anatole France, era en realidad un apartamento en un edificio bastante sórdido, húmedo y oscuro. El tipo de lugar que uno imagina lleno de ratas. Al día siguiente, al volver de su consultorio, Sabrina me trajo dos regalos: una biografía de Henry Miller y una edición francesa de *Días tranquilos en Clichy*, y entonces, a falta de entusiasmo e inspiración y sin duda también de ganas de hacer algo más comprometedor, decidí intentar un reportaje sobre la vida de Henry Miller en Clichy. Un reportaje que, con suerte, podría vender a algún periódico o revista de Colombia. O tal vez, con más realismo, un reportaje que podría lograr hacerme publicar gratis en el mismo periódico de siempre en Colombia —que de vez en cuando publicaba cosas mías, sin pagarlas—, aunque esto tampoco fuera seguro, pues los artículos literarios que enviaba cada vez gustaban menos. En la redacción cultural, y en casi todo el periódico, se decía que yo era un recomendado —a mí, que me moría de hambre en París, esto me halagaba y jamás lo desmentí—, y por eso, según ellos, como no me importaba caerle bien al público, sólo escribía sobre cosas sórdidas, como uno que hice sobre el suicidio de Malcolm Lowry en el que proponía la hipótesis de que él se había tomado las pastillas mortales sólo para evitar ser enterrado en un camposanto católico, u otro sobre el padecimiento atroz de celos de Federico Nietzsche con respecto a Lou Andreas Salomé, esa mujer que, además de ser una gran feminista y buena escritora, logró llevarse al catre con éxito a varios genios de la poesía, la filosofía y la narrativa de su época, toda una hazaña. Como si un escritor francés de los años sesenta, por poner un ejemplo, alguien como Alain Robe-Grillet, hubiera sido el amante simultáneo de, no sé, Marguerite Yourcenar y de Marguerite Duras y de Simone de Beauvoir, aunque el ejemplo no funcione por ser todas lesbianas, pero en fin, no sé si se entiende la idea.

La época de Clichy, para Miller, fue intensísima. En esos años escribió *Trópico de Cáncer*, y, sobre todo, fue amigo y amante de la extraña Anaïs Nin. Anaïs vivía en Louveciennes, barrio rico en la periferia de París, con su marido, el escocés Hugh Guiler, quien a pesar de haber hecho estudios de literatura inglesa y de tener —o haber tenido— aspiraciones poéticas, acabó siendo banquero. Como era apenas lógico, sobre él recayó la responsabilidad económica. De su bolsillo salía la plata con la que Anaïs agasajaba a Henry y a June, la esposa de Miller, quien vino a Clichy unos meses antes del divorcio definitivo. Todo aquello sucedió entre 1932 y 1935. Yo había leído los *Trópicos* de Miller, pero no conocía los detalles de esta sabrosa historia. Una pasión que, según ambos, fue sobre todo literaria e intelectual, pero que por algunos meses fue extremadamente sexual. Todo en Miller, escribió Anaïs, «era sexual». Su escritura, sus ideas, su vida.

Anaïs salía de su villa de Louveciennes para dirigirse a Clichy, al cochambroso apartamento que Henry compartía con su amigo Alfred Perlès, a quien llamaba Fred, y allí, tras preparar repollo a la mantequilla, la más exquisita comida de los pobres, se dedicaban a intercambiar escritos, que podían ser páginas sueltas de *Trópico de Cáncer*, del diario de Anaïs o de su novela *La casa del incesto*, que sería publicada en 1936. Claro, esas tardes tenían también su rato íntimo. Anaïs, a juzgar por las fotos, tenía cuerpo de adolescente y mirada de niña. Una especie de Lolita. Miller, en cambio, era un viejo erotómano —tenía cuarenta y cinco años—, morboso y con muchas historias a las espaldas. Acostumbrado a prostitutas y alcohólicas, tener en su cama a Anaïs, tan refinada, elegante y sensible, debía de ser una especie de milagro.

Podía comprender lo que Henry sentía. Lo comprendía cada vez que Sabrina entraba en la casa —en su propia casa— y me saludaba con un beso, preguntándome por la jornada. Lo comprendía porque luego se iba a la cocina a vaciar las bolsas de comestibles traídos del supermercado, llenas de regalos para mí. Decía que yo debía escribir y leer y preguntaba cuándo terminaría la ansiada novela. Yo, culpable, le respondía siempre: «El próximo verano.» Nunca le dije que las notas que tomaba, de vez en cuando, eran para un reportaje sobre la vida de Henry Miller en Clichy, pues a ella, como a la mayoría de la gente, el periodismo le parecía poca cosa, sobre todo comparado con lo de ser escritor, que, claro, suena muy bien pero es mucho más difícil.

Faltaban más de seis meses para el verano, y si algo había seguro en esa época de grandes zozobras era que jamás acabaría esa novela en tan poco tiempo, sobre todo porque, en lugar de escribir, pasaba las tardes leyendo a Miller, leyendo los diarios de Anaïs e imaginando su historia. Su bella historia que es triste y dura, pero que acaba bien, a pesar de que el amor, el amor físico, duró tan poco. Acaba bien porque, al fin y al cabo, los dos lograron lo que querían. Miller se convirtió en un escritor célebre, y también Anaïs, aunque en su caso lo que le dio celebridad no fueron sus novelas sino sus diarios, esa gigantesca obra que fue escribiendo a lo largo de su vida, desde muy joven. Dejaron libros bellísimos y dejaron, además, su historia. ¿Qué más se puede pedir? La posteridad, sumamente agradecida, los premió del mejor modo: recordándolos.

Anaïs amaba a su marido con el alma, pero a pesar de

esto, el pobre Hugh no la satisfacía. «Hay dos modos de conquistarme», escribió Anaïs, «con besos y con fantasía. Pero existe una jerarquía, pues los besos, solos, no bastan». A los veinticinco años había tenido un amante platónico: el escritor norteamericano John Erskine. Para ella, Erskine era válido sexual e intelectualmente, pero estaba casado, tenía dos hijos y, al parecer, una amante. Esa frustración hizo nacer en Anaïs el enorme deseo sexual insatisfecho que, de algún modo, intentó sublimar en sus libros. Pero la literatura no es tan flexible y así el devorante deseo sexual, unido a su lealtad hacia Hugh, la hicieron pensar en el suicidio. Fue entonces que apareció Miller. Lo escribió en su diario, el 1 de diciembre de 1931: «Conocí a Henry Miller, un hombre que me gustó... Un hombre atractivo, no autoritario aunque fuerte; alguien humano, con una conciencia sensible de las cosas. Un hombre cuya vida produce ebriedad... Es como yo.»

Miller estaba casado con June Edith Smith, que en sus libros se llama Mara o Mona, también una extraña relación. Mientras él escribía ella trabajaba. Henry siempre sospechó que June se acostaba por dinero, lo que le producía unos celos enloquecedores. Cuando June vino a París, Anaïs Nin se quedó deslumbrada. «Es la mujer más bella que he visto en mi vida», escribió. Fue sin duda la visita de June lo que hizo que en mayo de 1932, por primera vez, Anaïs fuera a la casa de Henry dispuesta a acostarse con él. Tenía veintinueve años.

A partir de ese momento, Anaïs empezó a mantener a Henry Miller. Él escribía de vez en cuando algún artículo para el *Chicago Tribune* o el *New York Herald*, pero la paga era ínfima y, además, cuando le llegaba, la gastaba en una sola noche, bebiendo y acostándose con alguna de las mujeres que pululaban por el Boulevard que va de la Place de Clichy a Aubervilliers. Era el París de las putas. Por cierto que cuando yo llegué a París aún había putas en la Rue Saint Denis —la imagen de la calle de *Irma la Dulce*, con Shirley McLaine, ya casi no existe; sólo quedan, de recuerdo, algunos almacenes de productos pornográficos—, lo mismo que en las calles aledañas al Arco del Triunfo, sobre todo la Avenue Kléber y la que va hacia la Porte Dauphine. Pero el sexo, en esos años, era muy caro. No estaba al alcance de nuestros miserables bolsillos, pues a diferencia de Miller —ya lo dije—, a mí no me pagaban los artículos. Además se necesitaba un carro y nadie tenía. Los burdeles eran aún más costosos e imposibles. Sabrina tenía el Golf, que yo podía usar, pero nunca me pasó por la mente prestarlo a los amigos y mucho menos ir yo, pues con ella estaba más que satisfecho. Al cabo de un tiempo era yo quien le contaba detalles de la vida de Miller y Anaïs, y a ella le gustaba haberme descubierto ese mundo. Ellos nos unían. Un día fuimos a Louveciennes y buscamos la casa de Anaïs, en el 2 bis de la Rue Montbuisson. Nos tomamos fotos en el portón y cerca de las rejas, e imaginamos, observando el interior de la casa por las ventanas, todo lo que allí se vivió. Por esos días, una de mis principales ideas literarias —pensaba usarla en mi reportaje— era que en las casas siempre quedaba un rastro de lo que en ellas se vivió, y entonces había que ser especialmente sensible para atrapar esas sensaciones. No era una idea muy original, lo admito, pero al menos me empujaba a la acción, y allá estábamos, aspirando muy fuerte el aire, observando cada detalle con arrobo, mirándonos, Sabrina y yo, como si estuviéramos siendo poseídos por el pasado, en fin, muy felices, y sobre todo yo, que encontraba en estos juegos un modo de devolver, algo de su generosidad conmigo.

A los seis meses acabé de leer todas las novelas de Miller y los diarios de Anaïs Nin, y entonces retomé en secreto mis proyectos literarios, ya que el reportaje estaba casi concluido (digo «en secreto», pues Sabrina creía que yo trabajaba a diario en ellos, lo que no era cierto). Habría dado la vida por tener el talento de Miller, o al menos su terquedad. La vida era lo único que yo podía dar, pues la pobreza era la misma. Ni siquiera tenía nada concluido para darle a leer a Sabrina, para que se convenciera de que nuestra historia podía terminar en algo bello. En un libro, por ejemplo. Ese libro con el que ella soñaba. Pero no. El silencio era cada vez más espeso y difícil. Algo estaba cambiando o algo se anunciaba. Un día, la portera del edificio le dijo que colocara cortinas en el dormitorio ya que los vecinos de enfrente se reunían en la buhardilla para espiarnos mientras hacíamos el amor, y que la voz había corrido por toda la calle. Sabrina no puso cortinas sino que dejó de estar conmigo, se fue ausentando hasta que decidí irme a mi buhardilla a esperar, a ver cómo el final venía a instalarse entre nosotros. De algún modo el episodio de los vecinos le abrió los ojos. Dijo que de tanto leer a Miller me había vuelto un extraño y que ahora sólo pensaba en el sexo. «Deberías, al menos, intentar escribir como él.» Esta frase era su pistola escondida. Sabía que el día que la usara me destruiría. Y así fue. No volví a verla. Jamás volví a Clichy en los años que siguieron. Ni siquiera acabé el reportaje.

Pero ahora, cuando paso por París —al fin logré ser un periodista pagado—, esa zona me llena de nostalgia. Pienso en Sabrina, en Henry Miller y en Anaïs. Pienso en mis tardes de lectura y en las veces que imaginé a Anaïs subiendo la escalera del cochambroso edificio de la Avenue Anatole France para que Miller, por primera vez, la desnudara, y al hacerlo veo a Sabrina, y a Miller sobre ella, y entonces me alejo. Sabrina está casada y tiene un hijo. Tal vez un día la busque para preguntarle qué fue lo que vio esa tarde de lluvia en que alguien tuvo la ocurrencia de robar nuestra caja de herramientas.

Urnas

Siempre lamenté los exiguos viáticos que el periódico me daba en los viajes. Pero había una razón: en lugar de ser vistos como momentos de gran tensión nerviosa, enorme concentración y esfuerzo, para la gerencia eran considerados premios. Y la verdad es que de algún modo lo eran, pues quería decir que por unos días dejábamos de ver la nariz roja de Pedraza, jefe de la sección internacional, y su estrambótico peluquín... De escuchar sus críticas desproporcionadas a todo lo que escribíamos. Además, estos viajes nos daban el aire de ser importantes, como si el periódico y la prensa en general sobrevivieran gracias a que nosotros viajábamos para informar, y entonces se había creado una leyenda de hoteles de cinco estrellas, de salidas intempestivas, de esposas llevando de urgencia al aeropuerto una camisa limpia y una corbata.

En fin. Éste no era mi caso, pero tampoco era, en realidad, el caso de ninguno. Manteníamos esa leyenda por vergüenza, porque nos gustaría que así fuera e incluso por lástima. Se dicen muchas mentiras en mi profesión, pero todas se perdonan porque al fin y al cabo uno tiene que vivir de algo y escribir en un periódico no es mejor ni peor que ser, por ejemplo, cajero de banco o corredor de bolsa. Es sólo una forma más de pasar el día que permite, con cierta dignidad, rellenar la casilla de profesión del pasaporte con la pomposa palabra de «periodista». Permite también, como toda actividad profesional, exceder los límites y llegar a ser alguien de prestigio. Ése es el sueño secreto del pequeño redactor, pues el material con el que escribe es el mismo que utilizan los grandes periodistas, aquellos a quienes todos respetan. Napoleón decía que la bayoneta de cada humilde soldado podía contener el bastón de un mariscal. Pues aquí sucede lo mismo. El periodista raso, como yo y tantos otros, busca hasta la derrota esa historia que le llevará al triunfo, aun a sabiendas de que, matemáticamente, es tan difícil de encontrar como los números correctos de una lotería.

Los exiguos viáticos. Éstos me obligaron, al llegar a París, a alojarme en un modesto hotel del Boulevard de Grenelle, frente a la estación de metro de La Motte Piquet. La habitación tenía ese color tristón y sucio que tienen la mayoría de los cuartos parisinos por la abominable costumbre francesa de empapelar las paredes. El papel de colgadura, que por lo general es viejo y a veces tiene escritos o dibujos obscenos de otros inquilinos, absorbe el humo del cigarrillo y las manchas de sudor, y la humedad le va dibujando una orla negra que revienta como una llaga al tocarla con el dedo.

Odio París. Si acepté venir a cubrir este Congreso fue sólo porque ningún otro en la sección conoce el francés como yo y el director vino a hablarme personalmente. Y la odio porque en otra época viví aquí. Yo también fui uno de esos hombrecitos grises que viajan en el metro envueltos en gabardinas y bufandas, que se sientan y vigilan con preocupación el reloj y hacen el trayecto mirándose la punta del zapato hasta que se levantan con un salto nervioso, caminan por los socavones y, luego, al salir a la calle, van a meterse a alguna oficina. Me dan lástima porque, durante años, yo fui uno de ellos. Pero a pesar de haberme ido de París hace tanto tiempo, al llegar y oler ese aire sucio, al ver la caspa en los vestidos de la gente, al detectar la mugre en las paredes del metro y el olor a colilla fría, siento una angustia profunda e intensa, la misma que sentía cuando vivía aquí y encontraba, por ejemplo, una carta de la Administración. Ese miedo vive aún dentro de mí, el horror a equivocarme en alguna carta pública y cometer, sin saberlo, un delito. O la angustia de que mis hábitos de vida, cada vez más sencillos, fueran detectados por algún vecino y luego denunciados, pues uno puede ser culpable de muchas cosas sin darse cuenta.

Por ese odio, por esa sensación profunda de lástima, decidí no salir del hotel ni llamar a ninguno de mis antiguos amigos, entre otras cosas para no exponerme a que no me recordaran, o a que me dijeran qué bueno que viniste y luego me dieran cita para dentro de una semana. Entonces empecé a asistir a las sesiones del Congreso desde muy temprano para tomar atenta nota de todo, hacer entrevistas y resúmenes de los aburridos boletines de prensa y, a eso de las seis de la tarde, regresar al hotel a escribir mis artículos.

Cualquiera que haya hecho viajes de periodismo sabe lo mal dispuestas que son las habitaciones de hotel. Los enchufes están siempre debajo de la cama o detrás de un sillón, y entonces hay que cambiarlo todo, mover la mesa para conectar el computador y trabajar en una posición incómoda. En mi caso, además, con la luz de neón rojiza y verde de un restaurante chino que se prende y apaga cada tres segundos. Los enchufes. Casi nunca coinciden y entonces hay que tener prevista una tarde para comprar adaptadores que permitan trabajar. Adaptadores de corriente y de la toma del teléfono, pues desde hace unos cuantos años enviamos nuestras notas por módem, y el dolor de cabeza comienza cuando al teléfono del dormitorio no se le puede sacar el cable. Pero en este viaje no tuve ese problema, pues recordaba los enchufes franceses de patas redondas y ya traía desde Bogotá los adaptadores. Por esa razón gané unas horas muy valiosas en las que pude recostarme en la cama y descansar, mirando la humedad del techo y preguntándome qué hubiera sido de mí si me hubiera quedado en París.

Muchas veces, estando en Bogotá, mientras esperaba taxis para volver a mi casa después del trabajo, me decía que mi vida parisina no había terminado, que a pesar de no estar yo ésta seguía existiendo, y que alguien, un hombre de gabardina gris y cara triste, vivía lo que estaba destinado para mí en lo profundo e insalobre de los túneles del metro o en los estudios de radio en los que trabajé; que otro, no sé quién, debía soportar en mi lugar las tardes de abulia y de angustia, las esperas rondando el teléfono con la esperanza, del todo infundada, de que una voz amiga llamara para proponer algo maravilloso que permitiera cambiar, de una vez y para siempre, esas horas lentas en las que nada sucedía. Cuando uno no es feliz, pero tampoco excesivamente desgraciado, la vida empieza a parecerse a las vidas de los otros, a las de todos aquellos que han trabajado para no tener sobresaltos, para llegar al fin de año con una ínfima promoción en el trabajo y salir de vacaciones a alguna isla soleada con la esposa y los hijos. Yo estaba seguro de que mi vida en París seguía existiendo sin mí, sencillamente porque nunca había sido mía, pues era la misma que llevaban tantos hombres comunes y corrientes, esos que están siempre ocupados, que de vez en cuando lloran o son felices y luego, indefectiblemente, regresan a la oficina creyendo que son únicos y vuelven a hablar del tiempo y de la lluvia. Se habla mucho de la temperatura cuando se vive en París, pues uno tiende a creer que lo que le sucede es culpa de algo externo y malicioso. La capa de ozono, por ejemplo.

Había terminado de desgrabar una entrevista sumamente aburrida y al fin me disponía a dar cuenta del plato de pollo con ensalada que había pedido al cuarto, cuando escuché por primera vez el llanto. Era una mujer que se lamentaba y la voz de un hombre intentando consolarla. Tenía una forma de llorar regular, sin sobresaltos, como el sonido de la lluvia en cualquiera de los inviernos parisinos. Un sonido que no indica nada más que eso: está lloviendo. No se sabe si va a durar mucho o poco. Simplemente está ahí. Entonces me acerqué al muro y pude escuchar con más claridad. La voz de alivio no hablaba en francés sino en un idioma que yo ignoraba. La escuchaba apenas, como una letanía, y no podía saber qué era. ¿Portugués? ¿Ruso? ¿Árabe? No tenía altibajos y al poco tiempo dejé de escucharlo. Entonces me senté en el sillón que la piedad de los propietarios había colocado cerca de la ventana, dispuesto a entregarme a mi pasatiempo favorito en los hoteles, que consiste en imaginar las escenas que transcurren del otro lado del muro. Casi siempre me vienen, tal vez por una educación de telenovelas, las historias de amor. Entonces veo a un joven y a una muchacha besándose, ella nerviosa por la presencia de la cama y él angustiado porque aún no sabe si podrá pagar el precio de una noche completa. Se besan y él no se atreve a deslizar la mano por su espalda, pues hasta el último instante debe demostrar que la respeta. Entonces ella le pide un minuto para ir al baño, y él, al quedarse solo, corre hasta la puerta y lee la hoja de precios... Sí, le alcanza. Esto podría estar sucediendo muy cerca. Alguien podría estar a punto de ser muy feliz a pocos centímetros de mi sillón. Yo también he sido feliz pero ha durado poco. Una vez subí a un hotel como éste con una mujer que ofreció hacerme un masaje en la espalda, pero no me atreví a insinuar algo distinto y luego salimos, y esa noche me pesa en la memoria como si se hubiera repetido mil veces, como si hubiera determinado una tragedia que luego se haría permanente. Las mujeres más importantes de mi vida, y no sé por qué lo digo ahora, han estado poco tiempo conmigo; a veces un solo día, e incluso menos.

El llanto de la mujer en el cuarto vecino. La voz que le daba consuelo seguía al lado, como si implorara o rezara. Entonces pensé: Es una pareja que ha tenido una disputa. Estarán de paso por París y habrán peleado porque ella quiso comprar algo que él desaprobó y ahora ambos se arrepienten: él le dice que mañana volverán al almacén y ella llora porque ya el daño está hecho, pues por la calle la trató de caprichosa y le echó en cara que con sus modestos recursos ya era mucho haber venido a París como para que, encima, pretenda ella meterse a todos los almacenes. La mujer, enfurecida, lo trató de tacaño y le dijo que eso no podía llamarse capricho, pues a cualquier mujer con autoestima le haría ilusión hacer una compra bonita en París para tenerla de recuerdo toda la vida. La escena me entristeció y decidí, muy a pesar mío, salir a la calle a dar una vuelta. Había hablado con el editor del periódico para comprobar que hubieran recibido el artículo y alguien me dijo, en una indiscreción sin precedentes, que el secretario de información estaba satisfecho, pues lo habían escuchado comentar que «el Congreso se estaba cubriendo de forma equilibrada». Pensé que eso era motivo suficiente para bajar a caminar por el Boulevard de Grenelle y tomar una cerveza en alguno de los bares aledaños a La Motte Piquet. Antes de salir me puse mi bufanda y mi abrigo y en el ascensor me miré en el espejo. Hice caras, me puse de perfil. He engordado, pero los kilos que me sobran no corresponden a nada feliz. Sólo al paso de los años.

Los bares de La Motte Piquet me parecieron demasiado bulliciosos, así que decidí caminar un poco más, hasta la glorieta de Cambronne. Allí encontré una *brasserie* con venta de tabaco que me gustó, con sillas cerca de la ventana y poca gente. Me senté, pedí la cerveza y encendí un cigarrillo, pero de inmediato me di cuenta del error. Un hombre de nariz roja, sin duda un desempleado, narraba a gritos sus proezas a los dueños del bar con un vaso de pastís en la mano. Cerré los ojos y traté de evitarlo, pero sus palabras me llegaban nítidas al oído. Conocía muy bien a este personaje, a ese hombre que la vida ha ido sacando a empujones hasta dejarlo sin trabajo, sin otro remedio que irse a los bares a conversar con los camareros. Me levanté y caminé un poco más por el Boulevard hasta ver de lejos las luces de Montparnasse, pero decidí que ya era más que suficiente por esa noche y emprendí el regreso. Una leve sensación de angustia alcanzó a apoderarse de mí ante la visión de ese hombre, pero ésta fue contrarrestada por otros recuerdos que no eran tristes: mis noches, hace años, en esta misma glorieta de Cambronne, cuando vivía en una buhardilla con Mercedes. Su celo por ordenarlo todo, porque el diminuto cuartico en el que vivíamos estuviera presentable y pareciera un hogar. Y sus palabras de ánimo, tan convencida como estaba de que nos iría bien a ambos, en nuestros trabajos y en nuestras vidas, algo que sólo se cumplió en su caso. Atravesé La Motte Piquet y entré en el hotel. Pedí la llave al sonriente recepcionista, un joven indio venido de Madrás, y caminé hasta el ascensor. Subí al sexto piso y, cuando salía al corredor, escuché una voz llamándome desde la oscuridad.

—¡Señor! ¡Aquí, señor! ¡Por favor...!

Una mano se movió al fondo. Luego vi a un hombre sentado en el salón, en uno de esos lugares con un sofá y dos sillas que a veces se ven en los pisos de hotel y que todo el mundo se pregunta para qué sirven o quién los usa. El hombre levantaba la mano y me hacía señas.

—¡Oiga, por favor!

Dudé un instante. No era normal que alguien llamara de ese modo a un desconocido. Sin embargo me acerqué, intentando mostrar una seguridad que no tenía. Verlo y darme cuenta de que era árabe fue una sola cosa. Tenía algo más de cincuenta años y vestía de modo simple; una chaqueta y un pantalón marrón. En lugar de zapatos llevaba unas pantuflas de tela oscura. Sobre los labios lucía un bigote cano. No sé si fueron mis ojos, pero de entrada me pareció un hombre triste.

—Buenas noches —dije, acercándome—. ¿Me llama a mí?

—Sí —respondió—. Disculpe. ¿Tendría la amabilidad de darme un cigarrillo? Lo vi venir fumando desde la calle.

—Con gusto. —Metí la mano en la gabardina buscando el paquete al tiempo que me acercaba, y al entrar al espacio del pequeño salón sentí en el aire un perfume dulce de vino barato. El epicentro del olor era el hombre. Tenía una botella a los pies del sofá.

—Tengo a mi mujer enferma en el cuarto y no puedo salir a comprar cigarrillos, por eso me tomo el atrevimiento...

—Sírvase —le dije alargándole el paquete—. ¿Es usted el inquilino de la 609? Creo que somos vecinos.

—Sí —me dijo—, muchas gracias.

Entonces vi algo que me inquietó: el hombre sacó el cigarrillo con la mano derecha y, antes de encenderlo, lo acomodó con cuidado entre los dedos de su mano izquierda. La operación fue vistosa porque debió separar el pulgar del anular, meter el cigarrillo y luego dejar que los dedos se cerraran. Tenía la mano paralizada.

—Es como si fuera la mano de otra persona —me dijo al ver que lo observaba—. A mí ya no me obedece.

Hice un gesto de vergüenza por mi curiosidad, que ante sus palabras me pareció ridícula, pero inmediatamente agregó:

—Pero tiene una ventaja: me hace compañía. Es ajena a mí y a todo lo que me pasa, y créame que a veces, muchas veces, es un gran consuelo.

Su confidencia me obligó a tomar una decisión y actué rápido, encendiendo yo también un cigarrillo.

—¿Desea acompañarme con un trago de vino? No es nada especial, lo único que pudieron conseguirme en la recepción del hotel.

Me alargó la botella. Sé reconocer a quien necesita con urgencia de otro, aunque sea un desconocido, así que decidí sentarme a su lado. Era marroquí, como supuse, y llevaba en París apenas una semana.

—Mi mujer está muy mal —agregó—, y no es para menos. Vinimos a recoger las cenizas de nuestra hija, que murió hace algunos días. Estamos esperando un documento sin el cual no podemos llevarnos la urna.

—¿La urna?

—La urna con las cenizas —precisó.

Recordé el llanto y la voz, y de un golpe pude construir toda la historia: lo que yo escuchaba eran los lamentos de la mujer y las palabras de este hombre intentando consolarla.

—¿Qué edad tenía? —me atreví—. Digo, su hija.

—Diecinueve. Estudiaba letras.

Hubo un silencio denso. Cogí la botella y tomé, asqueado, otro trago. El hombre continuó.

—La mandamos a París hace un año, a la casa de un primo en Sarcelles. Allí conoció a gente mala, adquirió hábitos extraños...

Dijo «extraños» haciendo una mueca de desprecio. ¿A qué se refería? Me quedé callado.

—Usted sabe... Los jóvenes europeos escuchan esa música, van a discotecas, toman cosas... Pasados seis meses mi Leila era otra persona. Dejó de escribir cartas, y cuando llamábamos rara vez se ponía al teléfono.

Un ruido nos indicó que alguien subía en el ascensor y, secretamente, deseé que no se detuviera en nuestro piso. No quería que me vieran ahí, tomando un vino dulzón y escuchando confesiones ajenas a esa hora de la noche.

—Nuestra Leila tomó drogas y murió.

Al decir esto pensé que le hablaba a su mano, pues la observaba, inerte, como si alzara un animal. Sus ojos se pusieron aún más tristes y bajó la cabeza.

—Mi mujer ya no quiere vivir... La muerte de Leila, que era nuestra única hija, la destruyó. Por eso la mantengo con calmantes. Ahora está durmiendo, así que puedo salir al corredor a tomar un trago y fumar. A lo mejor mañana nos dan el documento que hace falta. Somos de Oujda, ¿sabe? Cerca de la frontera con Argelia.

Al hombre le brillaban los ojos y ya no supe qué decir. Entonces pensé en la redacción del periódico, ¿qué diría el director si supiera que estaba tomando vino barato, a medianoche, en un corredor de hotel? Pero me sentía preso. No podía imaginar una frase que me permitiera levantarme, dar las buenas noches y volver a mi cuarto.

—¿Y cuánto llevan en esta situación?

—La semana entera, señor.

Le ofrecí mi ayuda para hacerle compras y recados. Para traerle cigarrillos de la esquina y todo lo que le hiciera falta.

—Hay un Monoprix aquí a la vuelta —dije—, ahí se puede comprar de todo.

Me estaba agradeciendo cuando se oyó un quejido al fondo del corredor. Entonces el hombre saltó como un resorte.

—Disculpe, es mi mujer que se despierta. Debo ir.

Levantó la mano sana a la altura de los ojos en señal de despedida y volvió a su habitación dando saltitos cortos.

—Siga —le dije—, y espero que pasen buena noche. Recuerde, cualquier cosa en que pueda serle útil estoy en la 610.

Un minuto antes no sabía cómo salir de ahí y ahora me sentía absurdamente solo, con ganas de tomar otro trago y seguir charlando. Entonces tomé una decisión algo turbia, sin duda motivada por los cuatro sorbos de vino, que fue volver a salir en busca de un trago. Las chispas del metro aéreo pasaron dos veces sobre mi cabeza mientras atravesaba la explanada de la estación, hasta llegar a la Rue d'Odessa, donde hace años frecuenté un baño turco. Montparnasse estaba lleno de animación, pues, además de los bares y restaurantes, era la hora de salida de los cines. Sentí el entusiasmo y, al llegar al Select, me atreví a pedir un whisky. Un Ballantine's. Luego me senté frente a las vidrieras para ver pasar la gente y los carros, para observar la entrada del restaurante La Coupole y analizar a sus clientes. Una de las pocas cosas extraordinarias que me han ocurrido en la vida sucedió allí, precisamente en La Coupole, una noche que fui a cenar con alguien y en la mesa de al lado estaba el escritor Vargas Llosa. Recuerdo que lo miré con una mezcla de admiración y vergüenza, pues me pareció que sólo con ver mi cara notaría que yo era un periodista grisáceo, con secretas y frustradas aspiraciones literarias.

El mesero llegó con mi whisky, que en lugar de levantarme el ánimo me provocó rabia. Era apenas una gota de licor expandida en hielo y disuelta en agua, cuyo sabor acabó después del primer trago. El chiste me costó sesenta francos. Pagué de mala gana y me levanté irritado, dispuesto a vengarme en otro lugar. Más adelante encontré el Banana Café, un sitio que en mis épocas estaba de moda pero que ahora, estaba en franca decadencia. No se sabe qué es peor: si estar solo en el cuarto de un hotel o solo en medio de la muchedumbre. Yo, al menos, soporto mejor la soledad rodeado de gente, pues siento que en cualquier momento puede ocurrir algo inesperado, que unos dedos pueden golpear en mi hombro y de pronto, zas, estar ya sentado con alguien, conversando y riendo. En el Banana Café sentí esto, pero parecía difícil que ocurriera. La música era agradable y, cuando iba por la tercera cerveza, me di cuenta de que no había vuelto a pensar en la historia de mi vecino. Era extraño, pero lo que más recordaba eran sus dedos inertes. Su mano posada sobre la pierna como una flor marchita. Los dedos muertos aprisionando con su peso el cigarrillo. No me dijo qué le había sucedido.

Urnas. Nunca he visto una y ni siquiera sé cómo es la ceremonia de cremación. Pensé, con la cerveza muy tibia fluyendo por mis venas, que la muerte es igual para todos y que sólo varían las circunstancias en que ésta llega... Nada muy original, reconozco. Entonces miré por detrás de la terraza buscando el cielo negro, oscurecido por la noche, y volví a hacer esa serie de preguntas que todos nos hacemos muchas veces en la vida: ¿qué es morir? ¿Adónde vamos después de la muerte? Nada. No hay respuesta y, si la hubiera, no la iba a tener yo esa noche. Cualquiera con un par de cervezas se siente filósofo, capaz de enfrentar esos misterios.

Regresé al hotel animado por el alcohol. Sintiendo, a mi modesta medida, que era el rey del mundo, de un mundo pequeño. O digamos, de una isla parecida al mundo. Pero quienes voltearon a mirarme sólo vieron a un tipo solitario, a un pobre diablo que iba por ahí, pateando latas, sin que su alegría le importara a nadie o modificara en algo el curso de la noche.

Al llegar al hotel ni siquiera pensé que eran más de las tres de la mañana y que al otro día iba a estar intoxicado, pues no tenía aspirinas. Lamentable error. El cuarto empezó a girar sobre mi cabeza y debí anclarme con el pie, una operación que no realizaba desde mi adolescencia. Sin saber a qué horas me quedé dormido.

Los golpes en la puerta me despertaron de un salto y durante un segundo no supe dónde estaba. La oscuridad era densa y miré el reloj de agujas fosforescentes: eran las cinco de la mañana. Pensé que había soñado que alguien golpeaba a la puerta cuando volví a escuchar los golpes.

—¡Señor! —El llamado era casi un susurro—. ¡Señor...!

Era la voz de mi vecino y de nuevo tuve la sensación de estar soñando. Encendí la luz de la lámpara y sentí una opresión muy fuerte en la cabeza. Eran las cervezas, el vino y el whisky que cobraban su venganza. «Un momento», me escuché decir, y busqué mis pantuflas y mi bata.

Al abrir la puerta vi al marroquí vestido con el mismo traje de la noche anterior. Los dedos de la mano muerta le colgaban del brazo como una sarta de peces. Con el otro brazo sostenía una bolsa negra.

—Disculpe, señor, sé que es tarde pero...

—Siga, por favor —le dije, para no hablar en el corredor, y el hombre entró mirando hacia los lados.

—Mi mujer escapó del cuarto, señor, y debo salir a buscarla. No sé cómo sucedió, me quedé dormido un instante y cuando abrí los ojos ya no estaba. Debió de salir a tomar el aire...

El hombre colocó la bolsa en el piso.

—Quisiera pedirle que me guarde esto por unas horas, mientras la encuentro y la traigo de vuelta.

Abrió la cremallera del bolso y vi la urna. Una vasija de color verde con dos asas a los lados. Sentí un poco de angustia pero me pareció que el hombre estaba desesperado. Le dije que no se preocupara, que fuera a buscar a su esposa.

El hombre me dio las gracias y salió corriendo. Entonces cerré la puerta y me senté en el sillón, frente a la bolsa negra. El dolor de cabeza crecía con cada movimiento y decidí quedarme ahí, con los ojos cerrados. Hacía frío. Aún estaba muy oscuro afuera, pues faltaban un par de horas para que amaneciera. Tiritando, doblado en el sillón, logré dormirme con la idea de que muy pronto, quizás ya mismo, volvería a sonar la puerta.

El timbre del despertador me atravesó el cerebro como una fina broca de taladro. Abrí los ojos lentamente y la habitación, inundada por una escuálida luz de mañana, me recordó que estaba de viaje, que una nueva jornada del Congreso estaba por comenzar y que en Bogotá la sección esperaba de mí un cubrimiento eficaz, oportunas entrevistas y sesudos análisis. Si hubiera tenido que subir de rodillas las escaleras de una pirámide habría sentido el mismo desasosiego. Sólo entonces, al enumerar mis desgracias, recordé la urna. Desde su rincón brillaba con un extraño fulgor, como deben de brillar al salir a la luz los bronces que han permanecido mucho tiempo en el mar. «Ésta sí que es buena», me dije, «¿y ahora cómo hago para salir de aquí?» La primera hipótesis que vino a mi mente, la de que el hombre había olvidado que yo tenía la urna, me hizo comprender que mi cerebro estaba realmente en mal estado. Luego surgieron versiones cercanas: no se olvidó, pero no quiso despertarme en medio de la noche; no quiso enfrentar a su mujer a la visión dolorosa de la urna, y mientras ella se dormía bajo el efecto de los tranquilizantes él también durmió. En fin, las últimas propuestas de mi mente fueron algo más satisfactorias, así que decidí meterme en el baño. «No hay nada que no pueda curar un buen chorro de agua fría», decía mi abuelo. Entonces abrí de par en par la llave azul, retiré la cortina y salté adentro pegando un grito. Pero el grito, valga la precisión, lo provocaron dos estímulos: en primer lugar el cambio de temperatura brutal para el cuerpo, y en segundo, en realidad el más importante, un golpe seco de mi rodilla contra el grifo. Caí al suelo de la tina y me acurruqué como un animal herido, sintiendo que la vida estaba muy lejos. Pero uno siempre se repone y al final, con la cabeza latiendo como un gran corazón de dolor, con la rodilla violeta y el resto de la piel rosada por el frío, salí a secarme, afeitarme y lavarme los dientes. Mientras hacía estas operaciones, que en situación normal me producen un enorme placer y que soy capaz de prolongar hasta el infinito, era consciente de que en cualquier momento sonarían dos golpes en la puerta y yo debería abrir para entregar la urna.

Al salir del baño vi de nuevo el bolso negro y pensé que debía adoptar una actitud más respetuosa, pues al fin y al cabo se trataba de un muerto. Pero yo no practico ninguna religión; no me gustan los dioses porque nos roban los secretos y meten su nariz en todas partes. Por eso, simplemente, me mantuve en silencio mientras acababa de calzarme, y cuando estuve listo salí al corredor. Hacía frío y por la ventana abierta del patio entraba un desagradable olor a aceite caliente. Golpeé en la puerta y me quedé a la espera. Una, dos veces. Pero nada. «Señor», susurré, dirigiendo la voz hacia la cerradura de la puerta. «¡Señor!» Nada. Bajé a la recepción y pregunté al empleado.

—Los señores no regresaron anoche —fue la única respuesta que obtuve de un francés gruñón con aliento a cebolla, el propietario del hotel, que durante el día ocupaba el lugar del sonriente hinduista.

¿Qué hacer? Miré el reloj y vi que era hora de salir hacia el Centro de Convenciones en donde se celebraba el Congreso. Entonces escribí una nota a mi vecino y se la dejé en la casilla. «Tuve que salir a trabajar. Di instrucciones para que le faciliten mi llave en caso de urgencia. Regreso a las seis de la tarde. El vecino de la 610.»

El Congreso estaba llegando a su parte central. Los delegados de todo el mundo habían acabado de presentar sus primeras propuestas, que todos habíamos fingido escuchar con los aparatos de traducción, y ahora se disponían a iniciar una ronda de sesiones a puerta cerrada en las cuales nuestro trabajo se hacía más difícil. Era ahora que la pericia del periodista entraba realmente en juego, pues ya no podíamos escudarnos en los cómodos boletines del servicio de prensa, en los resúmenes de las intervenciones y en las versiones directas de los políticos. Ahora éstos estaban detrás de una puerta y el contenido de sus charlas era secreto. Para poder escribir algo, para llenar la doble página diaria que justificaba el pago de mis viáticos, debía trabajar el triple y desplegar todas las artimañas a la caza de cualquier indiscreción o rumor. En este punto las conversaciones de cafetería se volvían vitales, lo mismo que los buenos contactos con otros medios de prensa. Y así lo hice, y después de una tarde agotadora en la que logré cazar un par de comentarios novedosos en boca de representantes diplomáticos, volví al hotel a escribir mi artículo. Sólo al llegar a la recepción pensé en la urna.

—¿La pareja del 609 ya regresó?

—No señor —me dijo el francés sin mirarme a los ojos. Y en efecto vi que mi mensaje estaba todavía en su casillero, al lado de la llave.

Subí a la habitación algo molesto. ¿Habrá tenido algún problema grave con su mujer? Era seguro. Entonces entré en mi cuarto y vi la urna, asomando su gracioso copete color verde turquesa por la apertura de la bolsa. Me agaché y la extraje, notando que detrás caía algo al suelo. Era una fotografía de una joven en *blue jeans* delante de la fuente de Luxemburgo. «Ya estoy en París. Besos. Leila.» Agregaba una fecha. La joven se parecía a su padre: tenía la cara delgada y una nariz muy fina que se proyectaba hacia delante. La foto había sido tomada en el verano y por eso vestía unos pantalones cortos celestes. Era bajita y tenía algunos kilos de más, pero me gustó su sonrisa, y no me pareció posible que esa simpatía, esa vida fresca que emanaba de su rostro pudiera haberse convertido en ceniza. Mi carácter dilemático y pesimista me llevó a hacer algunas reflexiones banales sobre la vida que, esta vez, no transcribiré, y entonces, con gran disciplina, me senté a escribir el artículo sobre el Congreso. Mientras redactaba lo poco que había logrado recoger, escribiendo de tal forma que mi par de secretos parecieran importantes, esperaba con ansia los golpes en la puerta y la voz de mi vecino. Con cada ruido en el corredor me preparaba para abrir la puerta. Pero nada. Entonces hice un cálculo: en tres días acababa el Congreso y yo debía regresar, lo que equivalía a decir que mi vecino tenía tres días para recuperar su urna. Y esto me llevó a pensar otra cosa: si no aparecía, ¿qué diablos haría yo con las cenizas de Leila? La pregunta era difícil y preferí no buscar una respuesta. Lo mejor era concentrarme en mi artículo, pues, según mi reloj, quedaban exactamente cuarenta y cinco minutos para el cierre.

A la hora en punto mandé ciento ochenta líneas pensando que se harían comentarios por el leve retraso. Pero la imagen de Leila, poco a poco, se iba instalando en mi mente, ganando terreno y llevando mis ojos una y otra vez hacia la urna. Mi vecino dijo que había tomado drogas y pensé en la sobredosis, que es la forma más común de morir por drogas, aunque nada me pareció más lejano a su rostro que el drama de un organismo carcomido por la heroína, por ejemplo, o los ácidos, o esas pastillas que fabrican ahora. ¿Cuál sería la droga que la mató? Pedí un pollo con ensalada y encendí el televisor con la idea de no salir, pues quería evitar a toda costa la tentación de la cerveza y los bares, de esa atmósfera que con tanta facilidad nos acoge y de la que es difícil salir cuando el resto de la vida es tan inhóspita. Y aquí, tal vez por Leila, y para que se vea que este valle, además de lágrimas, es también de vicios, me nace hacer una confesión: siempre he tenido problemas con el alcohol y ya va siendo hora de hablar muy en serio con alguien, aunque eso ahora no venga al caso.

En estos soliloquios andaba cuando escuché pasos y

el ruido de una llave en la habitación de al lado. Regresaban, por fin. Ante la inminente despedida miré la urna y pensé que había sido respetuoso. Lo suficiente como para seguir teniendo de mí esa imagen digna que, en ocasiones, pierdo de vista. Apagué el televisor y me levanté al espejo para intentar mejorar mi aspecto. Me puse el saco y encendí un cigarrillo, impaciente, observando el cambio de colores del aviso luminoso. Estas señales intermitentes, por cierto, son picanas para los nervios del que espera, pues uno comienza a contar, a decirse que antes de que las letras verdes se enciendan por quinta vez ya habrán golpeado a la puerta, y al ver que llega y que nadie golpea viene un nuevo plazo, otros diez cambios de luz. Pero nada. Así que decidí salir al corredor.

El espectáculo que vi me dejó perplejo. En lugar del señor marroquí y su esposa encontré una horda de policías, esos fascistas de uniforme azul que en Francia llevan el ridículo nombre de «guardianes de la paz», pero que más que «la paz» lo que buscan es una buena oportunidad para reventarle la cara a un árabe o a un negro. Con ellos un señor de civil, acompañado del propietario del hotel, recogía las pertenencias de la familia, mientras que los policías alejaban la mirada curiosa de otros inquilinos que también se habían asomado al corredor. Mis piernas empezaron a flaquear y llegué a creer que la policía escucharía mis latidos. Me dio miedo retirarme, pues no quería llamar la atención, pero sentí que mi presencia en el corredor era sospechosa. Tal vez buscaban la urna y yo debía hacer algo... ¿Entregarla? Juré al hombre que la cuidaría hasta su regreso y pocas veces he incumplido una promesa, aunque en este caso hubiera un cierto aroma de peligro. ¿Y si su contenido no fuera en realidad cenizas? Tonterías. Me retiré a mi habitación avergonzado de mis sospechas, diciéndome que la cercanía de aquellos fascistas debía haberme influenciado.

Cuando se fueron bajé a la recepción e interrogué al propietario. El hombre me dijo que el señor marroquí de la 610 había sido arrestado por suministrarle drogas a la esposa, que la noche anterior la señora había tenido un ataque, que había escapado y luego perdido el sentido en la calle. Al llevarla al hospital los médicos habían encontrado que su organismo estaba bañado en morfina —y subrayó la palabra «bañado»—, con lo cual decidieron llamar a la policía. «El resto ya se lo podrá imaginar.»

—Pero esa mujer está enferma... —dije, y de inmediato me arrepentí, pues el hombre levantó hacia mí un ojo acusador que escondía una amenaza: si seguía haciendo preguntas y yo también podría ser denunciado.

Entonces salí a la calle y caminé hasta el puesto de policía de Cambronne. Le di varias vueltas observando las ventanas iluminadas de los sótanos, como si con eso pudiera lograr dar una voz de aliento a ese hombre que, desesperado en una celda, estaría pensando en las cenizas de su hija y en la salud de su mujer, llorando de impotencia al ver que sus explicaciones no convencían a nadie y recibiendo golpes de los «guardianes de la paz», que habrán encontrado en él abrevadero para su odio. Di otra vuelta pero mis ojos se cruzaron con los de un policía de guardia. Entonces decidí irme antes de que me llamaran por sospechoso y me pidieran mis documentos.

Volví al hotel sintiendo una oleada de angustia, algo que subía por mi cuello como una negra tarántula. No tuve fuerzas y, de camino, hice escala en uno de esos pequeños supermercados de esquina para comprar una botella de Ballantine's, pues la noche que se me venía no era para andarse con heroísmos ni promesas. Serví el primer vaso tratando de ordenar las ideas, pero lo único que pude sacar en claro fue que no podía abandonar a ese hombre ni, por supuesto, dejar la urna. Entonces la guardé muy bien en el bolso y la escondí detrás de mi maleta, al fondo del armario, con la idea de que las sirvientas del hotel no le pasaran informaciones al propietario. En ésas estaba cuando sonó el teléfono y la angustia se apoderó de mí. ¿Quién podría ser a esta hora? Desocupé lo que quedaba en mi vaso y fui al auricular con un inicio de taquicardia, y la verdad fue que me alegró, del otro lado, escuchar la voz de Pedraza, nuestro editor jefe.

—El recuadro no está completo —me dijo en tono autoritario, olvidando que de vez en cuando los seres humanos se saludan—. Vuélvalo a mandar con la guía de las sesiones de mañana. Y apúrese, cerramos en media hora.

El trabajo me distrajo de las preocupaciones y, sobre todo, fue como un chasquido de dedos, una especie de paño enjabonado que limpió el cristal y me dejó ver de nuevo mi verdadera vida, lo que yo era antes de que la urna entrara en mi cuarto. Pero el trabajo duró poco y por detrás estaba el abismo de una noche entera, larga de recorrer. Volví a llenar el vaso sin saber aún qué debía hacer, pues las posibilidades que venían a mi mente eran confusas. Podía, claro, averiguar el nombre de mi vecino en la recepción, ir a la prefectura de policía y preguntar por él. No sabía con exactitud la gravedad de la acusación y era posible que el hombre saliera libre, al menos en libertad condicional, en pocos días. Esto me pondría en la mira de la autoridad, pero al fin y al cabo yo no tenía nada que ocultar. ¿Cómo conseguir el nombre de mi vecino? La respuesta llegó con el siguiente vaso. Durante la noche el guardián de la entrada era el sonriente hijo de Brahma.

Miré el reloj y vi que eran las dos de la mañana, entonces me puse los zapatos y bajé corriendo. El hinduista estaba leyendo un ejemplar atrasado del *India Times* y al verme me saludó con una sonrisa.

—¿Va a salir el señor?

No respondí a su pregunta y, fingiendo interés por el periódico que leía, le conté que era periodista.

—Tenemos muchos diarios en India... Muy buenos.

Me pareció un hombre sincero y le pregunté de frente por mi vecino.

—¿Hay alguna noticia del matrimonio del 609? ¿Los señores...?

—Arabi. No señor, la policía recogió sus cosas y la habitación está libre. Qué raro, era un señor muy amable.

Volví a subir. Antes de terminar el último vaso pude conciliar el sueño.

Al día siguiente me despertó un golpe en la puerta y, al abrir los ojos, noté que estaba vestido y que me esperaba un agudo dolor de espalda por haber pasado, de nuevo, la noche en la poltrona. Abrí la puerta y era el dueño del hotel trayendo una carta a mi nombre con estampilla urbana. La cabeza me pesaba sobre los hombros como un bloque de cemento y, a pesar de haberle agradecido, el dueño no se retiró, pues esperaba que la abriera delante de sus ojos. No sabía cómo quitármelo de encima cuando un milagro vino a solucionar las cosas: el teléfono sonó. Entonces pedí disculpas y cerré la puerta. Era uno de los periodistas mexicanos que había conocido durante el Congreso; llamaba para decirme que uno de los delegados colombianos había hecho una declaración importante, y que por solidaridad la había grabado para mí. Lo bendije, le di las gracias y le puse una cita más tarde en la cafetería del Centro de Convenciones. Entonces metí la cabeza en el chorro del agua fría, tomé un poco de agua y abrí el sobre.

Estimado vecino:

Su amabilidad es el único signo vital que he recibido desde que me encuentro en este mundo de espectros en el que caí tras la muerte de Leila. Lo que ha ocurrido en estos días me hace pensar que, en realidad, los que estamos muertos somos nosotros, y que es la pequeña Leila quien, desde el otro lado, protegida en su urna de color verde, nos espera en la vida. Ojalá que así sea, pues esta sospecha me permite aceptar los dolores y humillaciones que he padecido y que, no me cabe duda, padeceré. Me siento muy lejos de nuestra vida en Oujda, de mi almacén de electrodomésticos y de los juegos de dominó con los vecinos del barrio al atardecer. Tal vez nunca regrese allá, como tampoco lo podrá hacer mi pobre esposa. Ella se encuentra extraviada. El dolor le robó la razón y lo último que escuché de los médicos, antes de ser arrestado, fue que no tenía cura. Pero ya nada importa. Mi consuelo, y fíjese cómo es la vida, ha sido mi mano izquierda, pues es la única parte de mi cuerpo que, de algún modo, está cerca de Leila, en ese mismo país adonde van las cosas que ya no están con nosotros. No sé si me comprenda, pero la mano me ha servido en estos días difíciles para acariciarle la frente y sentir su presencia. Para aferrarme a la vida, a la hermosa vida de Leila. Perdone que le haga estas confidencias ahora, pero siento que usted es el único que puede entenderlas. El abogado de oficio que se ocupa de mi asunto me juró que pondría esta carta en el correo sin que usted tuviera problemas. Me acusan de haber dado un anestésico fuerte a mi mujer, pues ellos no entienden lo que es el dolor de una madre. Ese anestésico, como tal vez ya sepa, es ilegal, por lo que mi caso, según el abogado, es un tanto complicado. No sé cuándo podré salir, pero me siento tranquilo, pues sé que los restos de Leila están en buenas manos. No he querido hablar de la urna a mi abogado ni a nadie, y sólo le pido que deposite las cenizas donde mejor le parezca, liberándose usted del peso que le supone este amargo favor. Yo estoy, se lo repito, satisfecho, pues sé que dondequiera que se encuentre, Leila estará en un mundo mejor, a salvo del odio del que yo todavía soy objeto, y sólo espero que Dios me reúna pronto con ella.

Pido disculpas por los inconvenientes causados. Dios tenga provecho de usted.

NESRIM ARABI

No supe cómo reaccionar ante esta carta y caí de espaldas en la cama. Imaginé los ojos en lágrimas de este hombre, su profunda soledad, y me sentí mezquino, débil, cobarde. Los sufrimientos de otros siempre me han enfrentado conmigo mismo, pues ante ellos surge siempre una voz que dice: «¿Qué has sufrido tú, qué sabes tú de eso que tanto te quejas y sobre lo que tanto reflexionas?» La voz, que le habla a ese niño que aún recibe lecciones y que sigue viviendo, temeroso y a tientas, dentro de mí, llegó puntual en esta ocasión con la imagen de la mano marchita, de los dedos sosteniendo el cigarrillo y el olor dulzón del vino.

Saqué la urna y la coloqué delante de mis ojos, aún con las palabras del señor Arabi rondando en mi mente. Y entonces, hablándole al techo, pensé que podía tener razón, que la verdadera vida, esa que tantas veces también a mí me escapaba, podría estar ahí dentro, con las cenizas de la joven, y ese pensamiento me provocó un extraño alivio. Pero ya está bien de divagaciones, pareció decirme alguien, en respuesta y de un salto empecé a organizar el día, ya con una idea más o menos clara de lo que debía hacer. No sabía si había un cementerio musulmán en París, pero sí conocía la Gran Mezquita. Entonces escribí una nota que decía, en mi vacilante francés: «Estas cenizas pertenecen a Leila Arabi, ciudadana marroquí nacida en Oujda y muerta hace pocos días a los diecinueve años. Pido para ella una plegaria y un lugar de reposo cerca del dios y los misterios bajo los cuales fue educada.» Junto a la carta puse la foto, y salí con el maletín a tomar un taxi en la esquina de La Motte Piquet. La sala de la mezquita estaba vacía a esa hora de la mañana y no fue difícil, escondido detrás de los doseles en donde rezan las mujeres, dejar la urna. Miré por última vez la foto y, convencido de estar haciendo algo transgresor, me atreví a darle un beso. Luego salí y, al respirar el aire de la mañana, me invadió un profundo optimismo, un deseo legítimo de ver mi rostro reflejado en las vitrinas, pues me sentía limpio. Qué lejos estaba en ese momento del hombre tristón y acomodaticio de otros días.

Corrí al Congreso, recuperé la cinta con las declaraciones que me dio el mexicano y escribí, de vuelta en el hotel, tres notas muy extensas y analíticas que me valieron una felicitación de los superiores. Los otros dos días hice cosas banales y luego, el día del regreso, llegué al aeropuerto de Roissy con varias horas de anticipación, anhelando que el avión despegara para dejar atrás, ahora sí de verdad, siete años de vida tediosa en París. Bastó haber hecho algo digno para que ésta fuera, por primera vez, realmente mía, y eso es algo que debo a Nesrim Arabi, ese hombre trágico que la suerte colocó al lado de mi habitación, en un hotel de paredes sucias del Boulevard de Grenelle. Y aún a veces, cuando duermo y sueño, veo la cara de Leila. A su lado, una figura borrosa la acompaña. Leila sonríe y la figura, delicadamente, le acaricia la frente con una mano vigorosa, cálida, esbelta y cargada de cariño, nítida ante mis ojos, y entonces sé que ese pobre hombre logró, a través de un miembro que yo vi inerte, llegar hasta ella y darle consuelo.

Muy cerca del mar te escribo

El joven de la recepción miró con curiosidad mis documentos. Luego se levantó y dijo: «Espere, espere aquí.» Detrás de la mesa estaba el casillero de las llaves y al no ver ninguna supuse que todas las habitaciones estaban ocupadas. Poco después se abrió una puerta y otro empleado de mayor rango me devolvió el pasaporte abierto en la página del visado. Busqué en su cara algún gesto que permitiera adivinar si podía quedarme, pero fue inútil. Entonces el hombre levantó un auricular y dijo algo en árabe. Luego, sin ninguna prisa, dirigió los ojos hacia mí y me dijo en francés: «Espere un momento, puede sentarse allá.»

Argel es una ciudad blanca. Frente a ella el Mediterráneo es de un azul muy intenso, un tono que pocas veces se encuentra en las costas de Europa. Éste es el paisaje que veo desde la terraza del hotel El-Aurassi, en pleno centro de la ciudad, una horrible mole de cemento trepada en la colina de Tagarinos. El malecón, que aquí tiene los nombres de Zighout Yusef, Che Guevara y Anatole France en sus tramos centrales, rodea la bahía desde la Estación Marítima hasta la dársena y el Mercado del Pescado. También se ven los alminares de varias mezquitas, los techos cerrados de la Kasbah y las torres del Palacio de Gobierno.

Pero esta imagen bella esconde el drama en que viven, desde hace varios años, sus habitantes. Yo llegué esta mañana para escribir sobre las elecciones que ocurrirán el domingo y, la verdad, aún no salgo de mi asombro, pues la ciudad parece un inmenso cuartel con soldados detrás de cada árbol, tanquetas en los cruces de avenidas y francotiradores listos en los puntos más altos. Yo mismo, al salir del aeropuerto Hari Bumediane, fui escoltado a la fuerza por cuatro guardaespaldas que me condujeron hasta este hotel, que no pude elegir, y según me dijeron jamás podré salir a la calle sin ellos. Es obligatorio quedarse en el El-Aurassi pues la colina de Tagarinos es un búnker inexpugnable, a salvo de las balas y las dagas de los temibles sicarios del Grupo Islámico Armado, que prometieron degollar a todo aquel que participe en las elecciones. Por eso estoy aquí, esperando a que me digan si puedo quedarme.

Pasado un rato otro joven se acercó con un carrito. «¿Su equipaje?» Subimos al séptimo piso y fuimos al final de un corredor, a la habitación 706. «Bienvenido», me dijo mientras yo buscaba algún billete. Luego dejó la maleta y abrió las cortinas. El paisaje era aún más bello desde ahí, pues la vista llegaba hasta una segunda bahía en la parte este de la ciudad. Al fondo del mar, casi en el horizonte, se veía la silueta de un barco petrolero que pronto debía ser remolcado hasta el puerto.

Me disponía a comprobar que los enchufes y cables de mi equipo de transmisión estuvieran en orden, cuando dos empleados del hotel golpearon a la puerta. Venían a arreglar la luz y el teléfono. Uno de ellos me pidió que los dejara solos, pues dictaminó que sería incómodo para mí asistir a las reparaciones eléctricas. «Vaya a tomar algo al bar si lo desea», dijo con una sonrisa forzada. Y salí, pues al fin y al cabo no me importaba que colocaran cámaras y micrófonos. No tenía nada que ocultar y dudo que a ellos les pudiera interesar, realmente, lo que escribiera o dijera un periodista venido de un país tan lejano e insignificante como el mío. Si lo hacían sería por disciplina, tal vez porque ése era su trabajo y debía ser así, aunque fuera inútil.

En la misma colina de Tagarinos, pero un poco más abajo, está el edificio de la Biblioteca Nacional. Allí las autoridades instalaron el centro internacional de prensa, pomposo nombre para un salón caluroso en el que hay varios computadores, una central telefónica y una mesa con micrófonos para conferencias. Entre ambas construcciones se improvisó un camino rodeado de alambradas y trincheras por el cual los periodistas podemos circular sin escoltas. Para el resto de la ciudad, cualquiera sea el destino, debemos ir con los guardaespaldas. Sobre esto no hay elección posible. Yo creía que la Bogotá de las bombas en la época del terrorismo era el límite de lo tolerable. Pero este Argel la supera. La gente camina con miedo por las calles y cada vez que un carro pega una exhostada todos saltan. Los islamistas han construido esta atmósfera haciendo atentados ciegos. Ya hubo explosiones en el mercado, en la Kasbah y en la Casa de la Prensa, todos con muertos y decenas de heridos. Los barrios islamistas, sobre todo la Kasbah y Bab-El Oued, de donde surgieron los líderes integristas Abasi Madani y Alí Belhac, están completamente militarizados, y hay toque de queda en toda la ciudad. En las cercanías del Palacio de Gobierno, a lo largo de las avenidas Doctor Frantz Fanon y Cherif Saadane, hasta los mendigos son de la policía secreta.

No sé cómo logré interesar a mis jefes de redacción,

pero lo cierto es que aquí estoy, dispuesto a escribir sobre todo lo que veo, aunque también con ánimos para disfrutar del paisaje, los misterios que cualquier ciudad árabe tiene para un occidental y, por supuesto, la suculenta cocina argelina, el cuscús o *repas algerien* y la bizcochería de Argel, una de las más celebradas del norte de África. En fin, yo me las prometía muy felices hasta que me di cuenta de que cada salida era vigilada, que sólo podía desplazarme en vehículo privado —y alquilado a un precio altísimo—, y que antes de entrar a una cafetería o intentar conversar con algún transeúnte debía comunicarlo a los guardias. En estas condiciones tan difíciles, repito, me dispuse a cumplir lo mejor que pude con mi trabajo, que era el de transmitir todo este caos a un país lejano y tropical en el que, sin embargo, cada tanto sucedían cosas parecidas.

Pero ahora que lo escribo, siento que no es descabellado pensar que sólo fui a Argel para encontrar a Fergus Bordewich.

Si es cierto, como creen algunos sectores del islam, que la vida está previamente escrita en un libro y que lo único que hace el hombre es ir pasando las páginas, entonces podría suponer que en esta ciudad y no en otra me esperaba un señor bajito, sonriente y regordete, y que el encuentro debía ser en el hotel El-Aurassi. Bordewich era un hombre de pelo blanco en los lugares en los que aún le quedaba algo de pelo, es decir sobre las orejas, en una banda delgada que le daba la vuelta a la cabeza. Lucía una barba cana y un par de bigotes agresivos que contrastaban con la austeridad de su rostro, unos ojos más bien temerosos, boca pequeña y mejillas coloradas. Observándolo de lejos, Fergus Bordewich parecía ser uno de esos calvos satisfechos, que ha perdido sus cabellos en la parte más jugosa de la vida y que lo recuerda con los amigos al calor de un par de tragos, de Ballantine's o de Chivas, que era lo que bebía Fergus atornillado a una banca del bar, con su traje y su corbata de satén raído, con su maletín y sus gafas, como cualquiera de los personajes de Graham Greene que él tanto admiraba, esos hombrecillos sudorosos e incómodos que siempre se llaman por los apellidos y que, de modo invariable, dictaminan a las once de la mañana que es hora de tomarse un buen trago.

Mi primera salida por Argel fue algo tensa. Respetando las reglas impuestas por la policía alquilé uno de los automóviles que estaban estacionados a la entrada del hotel y pedí dar una vuelta por el centro, hacia los lados del malecón Che Guevara y la plaza de Port Said. Y así lo hicimos, pero al llegar los cuatro gorilas que me acompañaban me impidieron bajar, y sólo después de haberse situado en varios ángulos de un modo vistoso y agresivo permitieron que saliera del carro. Como es lógico, no pude hablar con nadie, pues las personas a las que me acercaba, al reconocerlos, huían despavoridas, pues hay que decir que la población le tenía tanto miedo a las autoridades como a los guerrilleros islamistas. Entonces, algo frustrado, di otra vuelta por el Mercado del Pescado y luego regresé al hotel a escribir una primera impresión de la ciudad, una nota en la que, la verdad, debía acudir más a la imaginación y a la literatura que a la realidad...

El *lobby* del El-Aurassi estaba repleto de reporteros venidos de todo el mundo. Entonces me acerqué a un grupo de españoles y con ellos obtuve alguna información que podía serme útil. Luego subí a mi habitación y, en un par de horas, redacté y envié mi crónica, un texto largo en el que describía las tanquetas y los francotiradores de Argel, y en el que contaba lo que había vivido, es decir la imposibilidad para los periodistas de salir a la calle sin guardaespaldas y el abismo que esto creaba entre nosotros y la población. Milagrosamente no tuve problemas con el envío vía módem. Por ser Argelia una ex colonia francesa, los enchufes telefónicos eran idénticos a los de París, así que mi equipo funcionó a la perfección, lo que me quitó una angustia de encima.

No hay nada como el trabajo terminado en estos viajes, pues por unas horas se gana una preciosa libertad. Entonces bajé al restaurante, me senté a comer con los corresponsales de tres diarios de Madrid y con la enviada de una cadena radial, comentando lo que cada uno había visto. En estas charlas de periodistas, por cierto, siempre aparece un personaje que lanza sobre la mesa sus lúcidas interpretaciones sobre lo que está ocurriendo u ocurrirá, que explica para el resto de los oyentes, con los poderosos reflectores de su razón, el meollo de lo que pasa, y que, sobre todo, alardea de sus excelentes contactos. Este personaje, que he visto en tantas partes del mundo, está convencido no sólo de que tiene razón, sino de que los demás están equivocados, y que es él el único que entiende lo que, la mayoría de las veces, es una obviedad.

Terminadas las entradas y las dos primeras botellas de vino, uno de ellos se mostró curioso de que un periodista colombiano estuviera en Argel... ¿Qué interés puede haber en Colombia por lo que pasa acá? Expliqué lo primero que se me ocurrió, y que, por cierto, era la verdad: en una lista reciente de países peligrosos, Argelia tenía el primer lugar y Colombia el segundo. Por esto la redacción de mi periódico sintió curiosidad y decidió enviarme a hacer una serie de reportajes, coincidiendo con las elecciones legislativas. Dicho esto procuré mantener la boca bien cerrada, lo justo para no parecer descortés.

La sobremesa fue en el bar, con un buen trago de premio por el trabajo cumplido, y fue entonces que localicé a Fergus Bordewich. No hablaba con nadie, apenas miraba sonriente colgado de un vaso de whisky. Un rato después, en esos movimientos que suelen darse en los bares, me senté a su lado.

—Fergus Bordewich —me dijo sin dejar de sonreír—, de *Selecciones del Reader's Digest*.

Esto me emocionó. Desde niño, en la finca familiar, leía las historias de *Selecciones* que mi abuelo encuadernaba en piel y guardaba en la biblioteca. No olvido los ejemplares de los años cuarenta, durante la guerra mundial, con imágenes de barcos y bombarderos en todos los artículos. Desde esa época quise conocer a alguno de los autores de esas narraciones, pues imaginaba que tenían vidas estupendas, llenas de viajes y aventuras. Me entusiasmé y pedí otro whisky.

—Leo su revista desde niño —le dije—, es un honor para mí.

Le expliqué que era corresponsal de un periódico de Bogotá, que estaba en Argel para escribir sobre la realidad de este país tan violento, casi tan violento como el mío, y le confesé que las medidas de seguridad y la presencia del ejército me habían impresionado.

—Aquí todos son unos cabrones, y disculpe la expresión —me dijo—. Todos menos la población, que es la que los sufre. Pero son cabrones los políticos, el presidente Zerual es un cabrón lo mismo que sus ministros, y cabrones son también los islamistas con sus métodos. Los únicos buenos son las víctimas, como siempre. Las mujeres degolladas y los niños huérfanos. Ésa es la verdad.

Su análisis, después de las interpretaciones de los demás colegas, me gustó. Me pareció sincero y directo. Pero me asaltó una duda: ¿Qué hacía un escritor de *Selecciones* en Argel? Mi idea de la revista era que se ocupaba de temas diferentes. Jamás de actualidad.

—En principio tiene usted razón —dijo mientras pedía otro whisky—, pero permítame que le explique algo. A lo largo de mi vida, en mis múltiples viajes y experiencias, he ido elaborando una teoría sobre los asuntos humanos. Es cierto que nosotros no nos ocupamos de la actualidad, pero yo he notado que las historias ejemplares que sí me interesan, los dramas privados que resultan ser más representativos de la condición humana, ocurren por lo general en los lugares en donde los ojos del mundo están puestos, aunque no en el epicentro.

Bebió un trago largo, mascó un hielo pequeño y encendió un cigarrillo Rothmann's.

—Me explico. Todos los periodistas que vinieron a Argel, usted mismo, escribirán este fin de semana sobre las elecciones de Zerual e intentarán explicar lo que le sucede a este país, picando aquí y allá de la historia, de los problemas recientes y de lo que salga en los resultados. Y eso está muy bien, pues para eso los han enviado. En este momento no hay otro lugar del mundo que acapare tanto el interés.

Los periodistas españoles se fueron a otra mesa. Una mujer comenzó a cantar una melodía árabe acompañada por un piano, al fondo del bar, y noté que las luces del restaurante se apagaban. Bordewich continuó:

—Por ese interés es que estoy en Argel, pero eso no quiere decir que me interese lo mismo que a ustedes. —Terminó de un sorbo el whisky y adelantó el vaso hacia el camarero para que le sirviera otro—. No estoy siendo muy claro, ¿verdad?

No le respondí, simplemente lo seguí observando.

—Verá, el asunto es el siguiente. No me cabe duda de

que por estos días ocurrirán aquí en Argel muchas historias ejemplares, pero el secreto de mi teoría está en que éstas no sucederán en los lugares en donde se genera el interés que los trajo a todos, es decir las mesas de votación, las salas del Palacio de Gobierno o las sedes de los partidos. Ocurrirán aquí, pero no en el epicentro. Es como en los libros... ¿Usted lee?

Asentí con la cabeza.

—Pues igual. A veces las mejores historias pasan entre los personajes secundarios, en pequeñas narraciones paralelas que están cerca de la acción central. En ellas, muy a menudo, se encuentra lo mejor. Ésas son las historias que busco.

Un hombre de maletín y chaqueta entró en el bar, saludó a Bordewich y luego se retiró hacia una de las mesas de la ventana. Los españoles habían pedido una botella de Ballantine's y conversaban en voz muy alta.

—El buen cazador de historias —siguió diciendo—, debe acercarse al lugar en donde está su presa saltando varios círculos, pero no debe equivocarse siguiendo la huella más grande. Hay que dejar que las cosas se manifiesten, evitar al máximo lo que a primera vista parece más provocativo. Debe saber esperar, agazapado. Ése es el buen cazador.

Supuse que había terminado y me quedé en silencio, pensando en su última frase. Ahora la mujer del piano cantaba una canción francesa.

—Los seres humanos somos absolutamente previsibles, mi querido amigo, ¿lo estoy aburriendo?

Le dije que no y ofrecí invitarle a un último trago. Bordewich lo aceptó con gusto. Me preguntó por mi país, por las cosas que se escuchaban desde afuera. Luego se interesó por mis viajes. Le conté que recientemente había estado en Singapur.

—Supongo que habrá leído *San Jack*, de Paul Theroux —me dijo—, es lo mejor que se ha escrito sobre esa ciudad.

Recordó que había una excelente película de Peter Bogdanovich basada en el libro, protagonizada por Ben Gazzara. Luego hablamos de las narraciones de Somerset Maugham, del bar del hotel Raffles y del Singapur Sling, uno de los *drinks* más célebres de la coctelería internacional. De ahí saltó a hablar del barrio chino de Bangkok, en donde había conocido a un domador de cobras que les extraía el veneno para fabricar unas gotas que, según me dijo, curaban las cataratas. Habló de Pekín, de Macao, de los mercados de caballos de Ulam Bator, de los generales de diecinueve años que había conocido en la guerra civil de Liberia. De su vida personal, en cambio, habló poco. Sólo supe que vivía en Nueva York, que tenía dos hijos y que era republicano. Pero ese tema le aburría y de nuevo siguió hablando del mundo, el teatro en donde estaban esas valiosísimas historias que él buscaba.

A las tres de la mañana noté que los españoles se habían ido. Ya no había música y la mayoría de las luces estaban apagadas. El barman, un joven argelino, bostezaba sentado en un taburete detrás del congelador. Entonces nos despedimos hasta el otro día.

El sábado me levanté temprano, agradeciendo la precaución de tomar un par de aspirinas antes de dormir. Me di una ducha rápida y, sintiéndome en excelente forma, me dispuse a bajar a la terraza a tomar el desayuno. Un jugo de naranja, un buen café y unos huevos fritos acabaron de ponerme a tono, al tiempo que leía las ediciones de *El Watán* y *Le Matin,* los diarios argelinos en francés. Mientras desayunaba pensé en las palabras de Fergus Bordewich y lo busqué con la vista entre las mesas. Pero no lo vi.

El día estaba hermoso, el horizonte limpio y la vista llegaba aún más lejos sobre el mar.

Ahora empezaba el trabajo en serio, pues debía hacer unas cuantas visitas importantes que me permitieran escribir con mayor conocimiento. Lo primero era retomar un contacto hecho la víspera con un observador de Naciones Unidas para visitar algunos de los barrios en donde el islamismo radical del FIS tenía adeptos. Lo encontré con facilidad y planeamos la salida para el mediodía. Luego me di una vuelta por el centro de prensa para retirar algunos boletines que muy pronto deseché, consciente una vez más de que la retórica oficial no es la mejor guía para el que pretende hacer un trabajo relativamente correcto.

Al mediodía estuve listo en el *lobby* del hotel y partimos con el funcionario de Naciones Unidas, un español de apellido Aguinaga. Igual que el día anterior, debimos salir con dos carros de guardaespaldas, pero al menos la compañía del funcionario me permitiría acercarme a la gente de otro modo. Y así fue. En El Harrach, uno de los barrios más candentes, pude hablar con una señora que me explicó el orgullo que sentía por el hecho de que sus dos hijos fueran militantes islamistas.

—Antes eran vagos, desempleados y consumían drogas —me dijo—. Ahora su vida tiene una razón, un camino. Madani y Belhac se los dieron. No estoy de acuerdo con las masacres, pero ésas no las hacen los milicianos, las hace el ejército. Pregúntele a cualquiera y lo verá.

Muchas de las familias que visitamos habían sufrido la represión militar. El ejército allanaba buscando islamistas y destruía las casas, hacía detenciones arbitrarias, se llevaba a jóvenes que nunca más volvían a aparecer, golpeaba y en ocasiones violaba a las mujeres. Pero del otro lado los testimonios eran igual de dolorosos. Quienes habían sufrido la retaliación islamista consideraban a Madani y a Belhac asesinos, seres que querían llevar a Argelia a la época de las cavernas. A media tarde fuimos a una de las bibliotecas públicas del centro y hablamos con una dependienta. Nos explicó que si los islamistas llegaban al poder ella tendría que dejar su trabajo, regresar a la casa y cubrirse la cara con un velo. La posibilidad de que el FIS impusiera su ley la aterraba, pues en su caso significaba el fin de la vida. Conversando con el funcionario de Naciones Unidas, nos fue fácil concluir que Argelia tenía una sociedad partida en dos. Una, con la cara religiosa de los preceptos coránicos basada en la *sharia*, alimentada por el desastre económico del modelo socialista impuesto por los coroneles, y otra mirando hacia Europa, el Estado de derecho y las libertades ciudadanas. El problema era que ambas estaban representadas por líderes violentos y se enfrentaban con armas. Era una guerra civil.

Regresé al hotel lleno de frases en la cabeza, repleto de imágenes que quería transmitir en varios artículos. Trabajé sin parar durante cuatro horas hasta que, a eso de las diez de la noche, tras haber llamado a Bogotá para comprobar que habían recibido los textos, me dispuse a bajar al restaurante. Al llegar busqué a Bordewich, pero no lo vi por ningún lado; me picaba la curiosidad de saber qué había hecho, adónde había ido y de qué modo había puesto en práctica su teoría. Pero nada. Se lo había tragado la tierra. Lamenté no haberle preguntado el número de su habitación, pues lo habría llamado, así que no me quedó más remedio, si quería compañía, que volver a sentarme con los periodistas españoles.

De nuevo uno de ellos, en medio de la charla, tomó la palabra para explicar cuál era el verdadero problema de

Argelia. Yo me mantuve callado, observando las espléndidas luces de la ciudad, la bahía y el puerto delineadas por las hileras de focos del malecón, hasta notar que las verdaderas razones del periodista eran otras: quería impresionar a la reportera radial, Luisa, una mujer algo entrada en carnes aunque aún apetitosa, que parecía ganar en belleza a medida que las botellas de vino se iban vaciando. Luisa, que conocía a los hombres, se dio cuenta de las intenciones del colega cuando éste le propuso subir a su cuarto a mirar algunos apuntes, y, para cortarlo de cuajo, le dijo delante de todos:

—Si estás pensando en ligarme te advierto que soy lesbiana.

Estas palabras cayeron sobre el politólogo como una patada en el abdomen. Los demás se rieron y la charla continuó por otro cauce. Al poco rato, sin duda para vengarse, el politólogo se levantó de la mesa diciendo que debía hacer una llamada urgente y nunca más volvió, dejándonos con la cuenta de la cena. Ingenuo, pues la periodista de radio sabía su número de habitación y, de contragolpe, decidió cargarle la factura completa.

Hacia la medianoche, cuando estábamos ya en el bar, apareció Fergus Bordewich. Me saludó de lejos colocándose un dedo en la sien y se dirigió de inmediato a la barra a pedir su whisky. Llevaba una chaqueta de lino color azul, camisa blanca y corbata. Sudaba a chorros, pero no hacía nada por evitarlo. Me senté a su lado, lleno de curiosidad, y le pregunté por las actividades del día.

—Bien, todo bien... —dijo tomando dos tragos seguidos—. ¿Y usted hizo reportajes interesantes hoy?

Le conté sobre los lugares visitados con el funcionario de Naciones Unidas, los barrios de Bab-El-Oued y El Harrach; le hablé de los testimonios dramáticos, de la evidente guerra civil que se vivía en el país. Pero no quise extenderme. Por amabilidad Bordewich me había dado la palabra, pero lo que interesaba era lo que había hecho él. Volví a preguntarle y al fin habló:

—Estuve localizando escenarios posibles. Las cosas se presentan interesantes...

Encendió un Rothmann's y dio una chupada larga. De inmediato dos columnas de humo bajaron por sus fosas nasales.

—¿Vio cómo tienen cercada la Kasbah? Habrá que prescindir de ese sector tan hermoso, sin duda el más bello de la ciudad y el más evocador, si recordamos la película de Gillo Pontecorvo. Caramba, qué cosa tan difícil esto de tener que moverse con guardaespaldas, pero aun así ya tengo localizada una dentistería popular en Belcourt, un baño turco en Bab-El-Oued y dos o tres lugares en el cementerio. Con eso, y una panadería cerca de la plaza de Emir Abdelkader, tendré suficiente.

Terminó su whisky y, casi sin pensarlo, adelantó el vaso para que se lo llenaran levantando dos dedos. El joven argelino agarró la botella de Chivas y le sirvió un trago doble. Agregó una cucharada de hielo y un poco de agua.

—Ésta es la parte más delicada de la búsqueda. Cuando uno delimita la zona en la que va a actuar ya se ha jugado el todo por el todo. La historia, o para entendernos, la fábula, tiene que ocurrir ahí, en ese estrecho cerco. Yo calculo que en una ciudad del tamaño de Argel mañana ocurrirán entre diez y quince historias ejemplares. La temperatura del ambiente, es decir la presión creada por las elecciones, llegará esta noche a su punto más alto y actuará mañana. De veras espero haber acertado en la elección de los lugares, pues puede suceder que las fábulas ocurran lejos de donde voy a estar. No me queda más remedio que confiar en mi experiencia.

Mientras lo escuchaba me asaltó una curiosidad: ¿Cómo había elegido esos sitios y por qué? Se lo pregunté.

—Como le digo, es la parte más delicada. Se debe pensar mucho, tener un conocimiento profundo del lugar y de sus gentes. Hay un sustrato humano que es común a todos y que se encuentra en cualquier parte del mundo, pero luego están los detalles de cada caso. Yo parto de una base: el domingo será un día de reposo por haber elecciones, aunque recuerde que en los países árabes el verdadero día de reposo y oración es el viernes. En Argelia, por su pasado colonial francés, algunas cosas son distintas. Pero como le decía, toda jornada de reposo es también el día en que los pequeños, es decir la mujer y los hijos, tienen el poder en la casa. Y lo tienen porque el hombre está descansando. Eso explica la elección de esos lugares, más relativos a la función doméstica. Y ¿sabe qué? El secreto es que lo interesante suele ocurrir cuando el marco cotidiano se ve invadido, de forma abrupta, por un elemento nuevo. Uno solo. ¿Cuántas personas no se han convertido en héroes sin estar preparadas, sólo porque reaccionaron con su parte humana cuando iban para el trabajo, cruzando la misma calle de todos los días, a la misma hora y con el mismo maletín? Muchas, se lo digo yo. Muchísimas. Otro trago por favor.

El joven del bar volcó el whisky en su vaso. Desde la sala del restaurante nos llegaba el estruendo de un grupo de música kabil, que se intensificaba cada vez que algún mesero abría las puertas de vidrio que lo separaban del bar. Las autoridades argelinas habían querido agasajar a los periodistas y a las delegaciones de observadores internacionales, sin duda para crear un ambiente positivo antes de la apertura de las urnas. Eran casi las dos de la mañana.

—Creo profundamente en esto. Muchas veces el caballero andante, que se viste con su lanza y su armadura para matar al dragón, se devuelve porque tiene una piedra en el zapato, o porque se le olvidó colocarle un banderín al caballo. En cambio el pequeño agricultor que se encuentra al dragón mientras siembra maíz le da dos golpes con su azadón y lo mata, pues la casualidad despierta al héroe que dormía en él. Es la historia del sastrecillo valiente, ¿la recuerda?

Le dije que sí, cada vez más impresionado por la seguridad de sus teorías. Bordewich hablaba con entusiasmo y por momentos tuve la sensación de que se olvidaba de mí, de que hablaba para sí mismo, para su imagen reflejada en los múltiples espejos del bar.

—Por eso escogí esos sitios, típicos de la ronda dominical en cualquier ciudad, con atención, además, a una ciudad árabe norteafricana. La panadería, el cementerio, un centro de salud y un lugar social, como es el *hammam*. No fue fácil ubicar lugares que estuvieran abiertos, le confieso, y eso me limitó un poco. Ahora lo interesante será ver si la fuerza de lo nuevo, es decir las elecciones y el temor a un atentado islamista, serán capaces de hacer nacer en esos lugares algo insólito. Y yo estaré ahí para recoger lo que suceda, para tomar atenta nota de la forma en que eso será vivido y de las mutaciones que esa fuerza creará en el comportamiento de las personas. Ésa es la historia, muchacho. Pero cambiemos de tema, hablar tanto de algo que va a ocurrir puede traer mala suerte.

De pronto una puerta lateral se abrió y apareció uno de los colegas españoles, ya muy borracho, colgado del hombro de una periodista belga. Se acercaron al bar, nos saludaron y siguieron hacia el restaurante. Bordewich se la quedó mirando con expresión vulgar.

—Buen culo y buenas tetas —dijo—. Ay, si yo tuviera veinte años menos. El problema de envejecer es que uno sigue teniendo los mismos apetitos de la juventud, pero con calva y barriga. Dios santo, entonces hay que empezar a pagar.

Empezó el sexto o séptimo whisky hablando de las prostitutas de Bangkok. Aseguró que un hombre que ha estado en la cama con una oriental nunca más volverá a disfrutar de este lado del mundo. Luego dijo una frase que no entendí muy bien. Creo que relacionó el arte amatorio de Oriente con la escuela pictórica del «puntillismo». Yo también estaba muy borracho.

Poco después nos despedimos. Al subir a mi habitación vi al colega español besándose con la joven belga en la terraza. Noté que la acariciaba por debajo de la falda y les auguré a ambos, de lejos, una excelente noche.

Los colegios electorales abrieron a las diez de la mañana. A las nueve, con todo mi equipo, bajé a la recepción a esperar al funcionario de Naciones Unidas, pues debíamos ir juntos a la circunscripción de Kouba, un barrio de la periferia de Argel en donde el candidato de los islamistas moderados tenía muchos seguidores. El lugar era un buen termómetro de la pobreza del país: edificios carcomidos por el viento salino, calles de tierra reseca, viviendas a medio construir que dejaban ver, a través de paredes derribadas, las pertenencias humildes de sus propietarios; niños descalzos, jóvenes desempleados en corrillos, basura en las calles. Recordé haber leído que en épocas de Tito Livio Argelia era considerada el «granero» de África por su riqueza agrícola, algo que hoy parecía un chiste de mal gusto. Cerca de la escuela en donde se había instalado el colegio electoral una mujer me dijo que sólo recibían agua dos horas al día. La asistencia sanitaria, a juzgar por los dientes cariados de los jóvenes, debía de ser nula; lo que sí había, en todas las esquinas, era soldados armados hasta los dientes. No se sabía si para proteger o para reprimir a los habitantes de Kouba, pues a pesar de que el islamismo tenía allí muchos simpatizantes —los grafitis de las paredes a favor del FIS eran mayoría—, se creía que la gente votaría por los candidatos moderados.

Hacia las siete de la noche empezó a haber resultados que confirmaban la victoria del presidente Zerual, y entonces me dirigí al hotel a escribir mi crónica. Al llegar a la recepción y pedir mi llave miré hacia la cafetería buscando a Bordewich, pero no lo vi. Sentía una curiosidad devoradora por saber cómo le había ido en su búsqueda. Entonces subí al cuarto y escribí durante tres horas. Debían de ser las once de la noche cuando di por terminado el trabajo. Me pegué una ducha caliente para relajar los músculos de la espalda y luego bajé al comedor, pensando que Bordewich estaría por llegar.

Pero no estaba. Miré el reloj y vi que aún era temprano, ya que él aparecía siempre pasada la medianoche. Luego me senté a comer solo, pues los colegas españoles se habían ido a cenar a la embajada de España. De nuevo, al fondo del restaurante, la orquesta de música kabil hacía retumbar las paredes. A mi alrededor había periodistas de todos los países, y sobre todo funcionarios de varias naciones africanas que formaban parte de los grupos de observadores.

Pasada la una de la mañana me acerqué al bar, pero Bordewich aún no había llegado. Entonces me senté a repasar un libro de Juan Goytisolo sobre Argelia que me había sido de gran utilidad para escribir las crónicas, y me dispuse a esperarlo. Ya llegaría, no había dudas. Y llegó, casi a las dos de la mañana. Lo vi venir trastabillando y me di cuenta de que ya estaba borracho. Sus mejillas brillaban más que de costumbre y tenía un faldón de la camisa por fuera. Pidió un whisky al otro lado del bar, sin verme. Entonces me le acerqué.

—Buenas noches —le dije—, qué tal estuvo el día.

Duró un rato en enfocar los ojos y darse cuenta de quién era yo. Luego tiró una sonrisa irónica y bajó la cabeza.

—Nada, mala cacería.

Estaba de mal humor y dudé en sentarme a su lado. Pensé que lo mejor era retirarme.

—Siéntese —dijo entonces—, lo invito a un trago.

Me senté un poco avergonzado, seguro de estar imponiendo mi presencia a alguien que, a todas luces, necesitaba estar solo.

—Me equivoqué —volvió a decir resignado—. Lo que yo buscaba sucedió en otros lugares, lejos de donde yo estaba, ¿quién puede saberlo?

Traté de darle ánimos diciéndole que aún quedaba el lunes, pero eso no lo consoló.

—Mañana la presión ya se habrá disuelto. Las historias sucedieron hoy, y yo no estuve ahí para verlas. Eso fue lo que pasó. Mala suerte.

Mordisqueó un hielo, encendió un cigarrillo y siguió bebiendo en silencio. Luego se levantó y, a modo de despedida, me dijo:

—Hacía bastante tiempo que la teoría no me fallaba. Será que me estoy volviendo viejo. Buenas noches.

Fue la última vez que lo vi. Llevaba el vaso en la mano y noté que la punta de la corbata se le había metido dentro del whisky.

Regresé a París al día siguiente pensando en él, en su decepción al comprobar el supuesto fracaso de la teoría. Pero no era verdad, pues la teoría sí había funcionado. Sólo que en esta ocasión Fergus Bordewich no era el cazador sino el animal perseguido. Era él el protagonista de esa fábula ejemplar que ansiosamente buscaba, pero que no podía ver. Yo, en cambio, sí pude. Bordewich fue mi mejor historia, y por eso creo que no es descabellado suponer que fui a Argel sólo para encontrarlo.

La vida está llena de cosas así

(De una crónica policial publicada en el diario *El Espectador* de Bogotá a inicios de los ochenta)

Hay tardes como ésta, llenas de sol y viento, y a uno le dan ganas de que la vida comience otra vez como una página en blanco, sin que nada del pasado venga a mancharnos esa franja de tiempo feliz. Es bueno saber que hay tardes en las que se pueden dejar los juegos de mesa para después y salir a dar una vuelta por la Quince, ir al Uniclam a tomar una leche malteada con las amigas y comentar la fiesta del viernes, mirar las vitrinas con pereza y escándalo, ir al club a ver si Carlos está en la cancha de golfito o tomar algo en el Limmer's, a ver si ya trajeron ese famoso juego de sapo electrónico que tanto anuncian.

Clarita esperó a que la empleada abriera la puerta del garaje para encender el Alpine.

—Gracias, Hortensia. Dígale a mis papás que voy a la casa de Tita y que más tarde los alcanzo en el club.

—Sí, señorita.

Avanzó hasta la esquina sintiendo el viento en los antebrazos tostados por las tardes de sol en la terraza y, de pronto, recordó la noche pasada con Carlos: cine en el Astor Plaza por la tarde, luego comida deliciosa en El Rancho y en la madrugada cama en el Estadero del Norte. Las tres C, como decían con su prima muertas de risa. Estaba enamorada, aunque sus amigas tenían razón: Carlos era un poco vulgar. Pero la excitaba, todavía tenía adentro su olor.

Dobló otra vez a la derecha para bajar la cuesta de Santa Ana hasta la Séptima y vio pasar en moto a Freddy llevando detrás al perro de los Zubiría, haciéndolo saltar las bardas de las residencias y pisoteando las flores que, dos veces al día, las domésticas regaban con manguera y podaban con tijeras de mango azul compradas en Bima.

El hombrecito en bicicleta vino de la calle de enfrente. Llevaba una cortadora de pasto en la parrilla y dos rastrillos amarrados con piola al marco. Clarita aceleró por la cuesta mirando a Freddy y no vio al intruso hasta sentir el golpe en el capó y el bulto que caía por delante. Pegó un grito, frenó en seco y el motor se detuvo.

—¡Pilas, so imbécil!

Encendió otra vez el Alpine dispuesta a seguir pero vio que el hombre no se levantaba. Entonces miró el reloj pensando que aún le quedaba tiempo, maldijo, estacionó y fue a mirar el cuerpo tendido en el asfalto. Por la otra esquina, el Mercedes del papá de Freddy pasaba sin detenerse y ella alcanzó a ver el pañuelo de seda del Congresista y su brazo velludo en la ventana. Clarita lo conocía, sabía que por ser sábado salía al club sin escolta.

—¿Le pasó algo? —Se animó a tocar al extraño con el dedo, pero no hubo respuesta.

Le dio la vuelta, lo miró por todas partes intentando despertarlo, pero vio que era inútil. Ya estaba por entrar a la casa de los Dussán cuando lo vio abrir los ojos.

—Oiga... ¿Me oye? ¿Le pasó algo...?

El hombre la miraba sin parpadear, pero no habló. Entonces Clarita, muerta de pánico, le dijo venga, deje su bicicleta aquí y súbase al Alpine, lo llevo a un hospital. Le abrió la puerta y, angustiada, lo ayudó a acomodarse en el puesto del copiloto.

¿Dónde había un hospital aquí cerca? Ah, sí, se dijo, el Centro Médico de los Andes. Fue para allá y, mientras avanzaba hacia Usaquén, vio que el hombre temblaba.

—¿Se siente mal...? Ya vamos a llegar.

Estaba tan asustada que ni cuenta se dio de que habría podido timbrar en la casa de los Parra y pedirle a Ernesto que la acompañara, pero tuvo miedo de que fuera grave, de que hubiera algún problema. Por eso hizo todo al revés y después pasó lo que pasó.

«Nunca me había sucedido algo así, doctor, se lo juro», diría más tarde, «hacía apenas cuatro meses que tenía el pase y sólo manejaba de mi casa al club. Bueno, de vez en cuando a Unicentro acompañando a mamá a hacer compras o yendo a ver alguna película a los cinemas.»

Al llegar a la clínica se bajó y fue corriendo a la recepción.

—Es un caso urgente... Está en el carro.

—¿Qué tiene? —preguntó un enfermero.

—Hubo un accidente... —No sabía qué decir, ¿para qué hablaba? En cuanto lo internaran llamaría a su papá para que se hiciera cargo.

Mordiéndose las uñas, entró en el hospital detrás de la camilla.

—¿La señorita es la responsable? —preguntó la jefa de enfermeras.

—Eh... Sí, sí. ¿Por qué?

—Porque el señor, que está en estado de *shock*, no tiene ni documentos ni medios para entrar al hospital. ¿Me permite una tarjeta de crédito?

Pensó en la American Express, pero sólo la metía en la billetera para los viajes.

—No tengo aquí, pero vayan atendiéndolo mientras la traigo.

—Imposible, señorita. Sin eso no podemos recibirlo.

—¿Y entonces...?

Le vinieron lágrimas, no pudo más y le contó todo a la enfermera. Desde el principio.

—Yo no lo vi venir, fue culpa de él...

La enfermera miró al hombre. Le levantó la cara y vio que apretaba los dientes, que tenía un leve temblor en la quijada.

—Este señor tiene epilepsia —le dijo a Clarita—. Lo que le pasa no tiene nada que ver con el accidente que usted me está contando.

—Sí pero... ¿Qué hago?

—Vaya al dispensario de salud de Usaquén, o si no llévelo al Hospital San Juan de Dios. Ahí puede entrar por urgencias sin problemas. Pero le doy un consejo, señorita: déjelo rápido en algún lado y váyase para su casa.

Clarita pidió prestado el teléfono para llamar al papá.

—¿El doctor Montero? Sí, un momento lo mando buscar... —le dijo un empleado del club.

Esperó dos segundos, pero notó que el cuerpo del hombre seguía temblando. Entonces un enfermero vino y le dijo:

—Si no lo va a internar, señorita, haga el favor de llevárselo. Este señor va a tener un ataque de epilepsia.

Colgó afanadísima sin poder hablar con el papá, pensando que lo llamaría en otro momento. Luego la ayudaron a subirlo al carro y ella estuvo a punto de gritar. ¿Qué hacer? Fue volando a Usaquén, preguntó por el dispensario de salud pero le dijeron que era sábado, que hasta las cinco no había turno. Entonces pensó: ¿Dónde quedaba ese tal San Juan de Dios? Un celador del Banco de Colombia le dijo:

—En la Décima con Primera. Pero apúrese, ese señor tiene muy mala cara.

El corazón se le iba a salir del pecho. Esa dirección quedaba al otro lado de Bogotá.

El hombre, sostenido por el cinturón de seguridad, resbaló sobre el vidrio sin abrir los ojos. Clarita vio su cuello tenso, las venas inflamadas y un constante temblor en la quijada.

—¿Voy por la Séptima hacia el sur?

—Sí —dijo el celador—. Y en la Veintiséis sigue por la Décima, derecho. Es fácil, si se pierde cualquiera le indica.

Subió a la Séptima pensando: ¿Por qué me pasarán a mí estas cosas? No podía dejarlo tirado en un andén, pero a fin de cuentas no había sido culpa suya. Hasta la enfermera lo dijo. Pensó en parar a llamar al club en el semáforo de Santa Bárbara, pero luego se dijo que lo mejor era llegar al San Juan de Dios lo más rápido posible, dejarlo y llamar al papá.

Sin saber lo que hacía, Clarita perdió la última oportunidad de evitar lo que más adelante sólo el tiempo, un traslado definitivo a Boston, la tranquilidad y el psicoanálisis podrían curar.

«Hay una cosa que no le he dicho, doctor: cuando niña, en la finca de mis abuelos, enterré vivo a un patico. No fue por maldad, se lo juro, sólo porque me gustaba verlo salir de la tierra. Salía y yo lo volvía a enterrar, haciendo un hueco cada vez más hondo. Pero de pronto no salió más y yo comencé a escarbar asustada hasta que lo saqué, ya muerto. Por la tarde todo el mundo preguntaba por el patico y yo temblaba de miedo, callada, y cuando me preguntaron si lo había visto dije que no, que tan raro, que debía de haberse perdido. Fíjese, usted es la primera persona a la que se lo cuento.»

Al pasar la avenida Chile la quijada del hombre comenzó a temblar con más fuerza, aunque sin mover el cuerpo. Su cabeza golpeaba contra el vidrio y una gota de saliva le escurría de la boca.

Clarita aceleró: si le daba el ataque de epilepsia en el carro sería muy peligroso. Daría patadas, manoteos, a lo mejor hasta la hacía chocar.

El reloj de la avenida Chile, esquina carrera Séptima, daba las tres de la tarde. Había un tráfico moderado y el sol continuaba calentando el aire.

«Yo me sentía segura, sentía que podía hacerlo. Por eso fui. Ya le expliqué que era un día de sol lindo, doctor, que la noche anterior había tenido relaciones con un joven al que frecuentaba y que más tarde tenía una fiesta *sport* en el club. Todo eso influyó. Además era sábado, no era época de exámenes y pensaba ir a donde Tita, una amiga, y contarle lo de Carlos, a ver si me ayudaba a tomar una decisión sobre él. Pero claro, mientras iba hacia el sur por la Séptima yo no pensaba en eso, tan angustiada estaba.»

Pasada la Sesenta y siete una nube tapó el sol y Clarita sintió frío en los brazos. ¿Dónde había puesto el suéter? Recién ahí se dio cuenta: lo había dejado en el centro médico. Tonta. Antes de ir al club iría a la casa a cambiarse. Desde allá llamaría a Tita para que salieran juntas.

El hombre pareció estabilizarse en ese ligero temblor y Clarita volvió a preguntarle: «¿Me oye? ¿Se siente mejor?» Pero nada, no había respuesta.

Al menos con los semáforos tuvo suerte: a partir del Carulla de la Sesenta y tres todos en verde hasta la calle Veintiséis. Al doblar hacia la Décima por el edificio de Bavaria y pasar los puentes sintió un poquito de miedo.

«Yo había estado dos veces por esa zona yendo al Salón Rojo del hotel Tequendama, pero de ahí para allá nunca. Ni siquiera la catedral o el Palacio de Justicia. Los conocía de haberlos visto en televisión.»

Los edificios se oscurecieron, la calle se hizo más estrecha y Clarita comenzó a ver basuras y tenderetes en todas las esquinas. Vio las busetas cambiando de carril, las carretillas de fruta, los gamines empujando carros de balineras y sintió mareo. ¿Cómo iba a reconocer la avenida Primera? Habría que mirar las direcciones. Pero no importa: la calle avanzaba recta y ella sabía que tenía que llegar de frente al edificio del hospital. Le habían dicho que era fácil.

A la altura de la calle Doce hubo un atasco que la puso nerviosa. Los carros no se movían, los buses se echaban encima de todo el mundo para avanzar un milímetro y el ruido de los pitos la volvía loca. Por los lados, el vidrio del carro se había convertido en un mosaico de manos que le pedían limosna, le ofrecían cadenas robadas, cigarrillos y paquetes de kleenex. Clarita, con ojos huérfanos, miró al hombre buscando protección, pero él seguía recostado contra el vidrio, con el cuello rojo y las venas tensas. El tableteo de la mandíbula continuaba y, muerta de pánico, comprobó que el ruido que oía desde hacía un rato era el castañeteo de sus dientes. Se dijo que debía acelerar: ahora sí el ataque estaba de un pelo.

Los carros seguían sin moverse. Una cuadrilla del Ministerio de Obras Públicas levantaba la calzada para cambiar el asfalto a la altura de la calle Sexta. Sólo quedaba una vía del lado izquierdo para pasar y tres busetas se la disputaban. Sin saber qué hacer, Clarita cometió el último y fatal error: vio una esquina, vio que el carro de adelante doblaba para salir del atasco y, sin pensar, lo siguió. Era la calle Octava y respiró diciéndose que no estaba lejos.

Avanzó dos esquinas mirando con aprensión los talleres de mecánica, las tiendas, los edificios desconchados, la gente descalza con el torso desnudo, los grupos de dos o de tres sentados en las entradas de las casas tomando cerveza y aguardiente, oyendo radio.

Una vez más dobló a la derecha y el paisaje volvió a sobrecogerla: la calle destapada, con cráteres llenos de agua que hacían golpear los bajos del Alpine contra el suelo.

«Yo, doctor, si quiere que le diga la verdad, ya ni sentía miedo. Era como si tuviera dormido el músculo del miedo, ¿me entiende? Mi casa, el club, el barrio, Unicentro, me parecían lugares inalcanzables de los que había salido hacía tres vidas. El sur era para mí la boca del lobo, ¿me va entendiendo?»

Pasó al lado de una montaña de escombros y vio un muro de ladrillo a medio construir que terminaba en una casa de lona y plásticos; en la esquina, en un hidrante abierto, varias mujeres llenaban galones de agua y una cuadrilla de niños descalzos revoloteaba alrededor. Clarita no podía avanzar más rápido. En cada hueco se encontraba con miradas sorprendidas. ¿Podría recuperar la Décima más adelante?

La cosa fue más bien sencilla: de una de las casas salieron tres hombres gritando, ¡auxilio! ¡un carro! La vieron venir y le hicieron seña de parar, pero Clarita se asustó y quiso acelerar para irse de allí. Imposible, los huecos no la dejaban avanzar. Mientras le daba con desesperación al pedal sintió un ejército de manos golpeando contra todos los vidrios del Alpine. ¡Pare! ¡Pare! Clarita también gritó de pánico: ¡Váyanse! ¡Déjenme! Los hombres forcejearon para abrirle las puertas hasta que uno de ellos levantó un ladrillo y pulverizó el vidrio de atrás.

—¡Ya tráiganla! —dijo una voz angustiada.

De la casa salieron otros dos hombres alzando a una mujer joven. Tenía el vientre inflado y las piernas bañadas en sangre.

—Recuéstenla ahí, con cuidado —dijo el más grande señalando el asiento de atrás.

Varias mujeres se subieron al carro con la que gritaba y un hombre empujó a Clarita hacia el puesto del copiloto, sobre las piernas del epiléptico que aún temblaba y que ya tenía la quijada y el cuello humedecidos por las babas.

—Estamos yendo al hospital, mamita —dijo una de las mujeres—. Tranquilita, ¿sí?

«Yo vi la escena como si no fueran mis ojos. La mujer estaba teniendo un parto al lado mío, doctor, y le juro, entre la sangre, los pataleos y los gritos, se lo juro, yo vi como unas piernitas diminutas que le colgaban del sexo.»

El que se puso en el timón aceleró a pesar de los huecos y todos saltaron dentro del carro. En la esquina chocó contra una caneca de basura rompiendo el faro derecho del Alpine, pero siguió acelerando hasta que volvió a la Décima, después del atasco. En el semáforo del cruce para la Tercera volvieron a parar.

—¡Se está desangrando! ¡El niño se va a estrangular!

Clarita temblaba de pánico mirando la escena. El hombre que manejaba sudaba a chorros y ella sufrió un desmayo al sentir que el epiléptico tenía el miembro en erección.

«Y fíjese lo que me pasa, doctor: cada vez que estoy con un hombre veo al extraño temblando y echando babas, pero no importa, le sigo contando. Cuando me desperté del desmayo estaba sola en el carro. Es decir, sola con el epiléptico. Los que me habían secuestrado bajaron a toda carrera y entonces vi el vidrio roto del Alpine, el mar de sangre negra en la silla de atrás y los trapos ensangrentados que cubrían a la mujer. Ellos se habían ido.»

El epiléptico empezó a moverse y ella cambió de posición, sintiendo esa cosa dura entre los pantalones del hombre. Entonces se armó de valor y lo empujó contra la puerta y justo en ese instante vio un brillo y luego una forma que la dejó sorprendida: esa cosa dura que el hombre llevaba entre los pantalones y que sentía contra su pierna era una pistola. Fue incapaz de hablar, de reaccionar. Simplemente la vio. Era la primera vez que veía una pistola. El hombre buscó acomodarse y dejó caer un papel que llevaba en el puño de la mano derecha. Clarita lo abrió y, temblando de miedo, vio escrita una dirección y el nombre del papá de Freddy, el Congresista del pañuelo de seda.

En ese momento volvió a desmayarse sin saber que ya la estaban buscando. Que la policía había encontrado la bicicleta del jardinero tirada en la calle y que en la bolsa de útiles, en lugar de tijeras de podar y recogedores de pasto, había una mini Uzi y una granada de mano.

Despertó en uno de los cuartos del San Juan de Dios. Le habían dado un calmante luego de haber tenido varios ataques, gritando y pataleando para escaparse y pidiendo que viniera su papá.

La habitación era de color azul claro. Detrás de la ventana se veía un pedazo del cerro y más atrás, bien al fondo, el cielo y algunas nubes. Una enfermera entró:

—La familia que usté trajo al hospital pudo salvar al niño y quieren darle las gracias.

—¡No los deje entrar! —gritó, y otra vez empezó a patalear en la cama, a forcejear de aquí para allá, pero en vano, porque la tenían bien sujeta con cinturones de cuero agarrándole los brazos.

Al final de la tarde, cuando los familiares llegaron para trasladarla a la clínica del Country, Clarita seguía en estado de *shock*. Según supo después, la policía había agarrado al falso jardinero en el hospital y ahora lo estaban interrogando. Por el traslado a Boston y los problemas de salud, el papá logró que no la llamaran a declarar, que para ella habría sido horrible.

«No sé doctor, no sé si es mentira de los médicos de Colombia, pero llegaron a decir que cuando mi papá por fin llegó a recogerme al hospital yo no lo reconocí. ¿A usted le parece posible?»

Tragedia del hombre que amaba
en los aeropuertos

Las historias tristes ocurren a veces en lugares tristes, como las estaciones de tren o los aeropuertos. Entonces la gente lo nota y lo comenta, y todos dicen que en verdad los aeropuertos y las estaciones de tren son sitios tristísimos, tan tristes que no dan ganas de volver a viajar, pues a nadie le gusta meterse de lleno en la tristeza, y encima por esos precios. Pero esto nunca me preocupó, pues yo estaba siempre solo en esos lugares, saltando de un país a otro con mi cámara fotográfica para enviarle a la agencia Sigma lo que muchas veces, al día siguiente, era la foto de portada de algún periódico, de muchos o de ninguno.

En realidad me gustaban los aeropuertos, pero también los hoteles, las maletas y las oficinas de cambio. Me gustaba llegar a los cuartos del Sheraton y quedarme horas bajo la ducha pensando que detrás del agua, del vapor y del muro estaba el puerto de Hamburgo, por ejemplo, o el Parque de Reliquias de Zagreb, mientras que yo seguía hipnotizado por el sonido del agua, y sobre todo me gustaba saber que para dejar de imaginar esos lugares sólo tenía que salir al balcón y abrir bien los ojos. Todo eso me gustaba, pero el momento preferido era la llegada al aeropuerto. Ahí mis poros se abrían como plantas carnívoras. Tenía especial predilección por London Gatwick, tal vez por el recuerdo de mis viajes a Bogotá cuando era más joven; pero también soñaba con el aeropuerto de Kuwait City, en donde vendían las cajas de habanos Montecristo a sesenta y cinco dólares, o con Changi Singapur, aeropuerto al que van los jóvenes de la ciudad a estudiar por las noches y que está rodeado de una selva de árboles de sombra. En mis afectos Montreal Mirabelle tenía un lugar especial: en él, una vez, me llevaron hasta el avión en un campero, en medio de la nieve acumulada en la pista, pues no escuché los altavoces que repetían mi nombre en un acento extraño, y no los escuché por estar mirando los precios del whisky en el *duty free*, lo único que podía hacerme olvidar las lágrimas de despedida que, por esa época, salían de los ojos de Nathalie. Odio, en cambio, el aeropuerto de Madrid Barajas, incómodo y ruidoso, casi tanto como el de Ciudad de México, y si el Leonardo da Vinci de Roma se salva es porque en él, durante mucho tiempo, me esperó el amor de Sarah. Amsterdam Schiphol era un enorme corredor de cristales nevados; el Omar Torrijos de Ciudad Panamá, olor a papaya y ventiladores de hélice, mientras que el José Martí de La Habana era puro azúcar disuelta en alcohol, limón, frío artificial y vegetación. En otras palabras: mojito.

Creo que es hora de presentarme. Me llamo Aníbal Esterhazy, un apellido de origen húngaro que mi familia colombiana ya logró digerir, después de muchas humillaciones y malentendidos, pues todo el mundo cree que somos parientes del malvado Esterhazy que condenó con sus mentiras al capitán Dreyfus, uno de los casos más sonados a fines de siglo pasado en Francia; tan sonado que hasta Zola metió la cucharada con su célebre *J'accuse*. No, no somos de esos Esterhazy. O mejor dicho, somos y no somos, pues pertenezco a la rama más pobre de la familia, los que luego se hicieron comunistas y al final emigraron a América. No olvido una conversación con un guardia de fronteras norteamericano en el estado de Maine, viajando en un tren nocturno de la Amtrak desde Montreal hasta Nueva York. El policía era un hombre de cincuenta años, calvo y de bigote amarillo.

—¿Con ese apellido y llevando un pasaporte de Colombia?

—Bueno, mi mejor amigo se llama Fritz Eckerfeld y es boliviano —respondí—... Y le recuerdo que el presidente del Perú se llama Fujimori. ¿Conoce Latinoamérica?

—No se haga el gracioso —respondió con cierta molestia—. Soy de origen polaco y sé que Esterhazy es uno de los apellidos más sonoros de la nobleza húngara. De ahí mi curiosidad.

—Yo también lo sé, y le confieso que preferiría no saberlo. En Colombia somos pura clase media, y en París, donde vivo ahora, soy doblemente meteco.

El guardia, instalado en el vagón cafetería, encendió un cigarrillo y me miró con interés.

—Los franceses me toman por un primo pobre del Este, en el mejor de los casos. Otras veces me acusan de haber matado a Dreyfus. Y si les digo que soy colombiano ni le cuento la que se arma.

—Bueno, limítese a responder las preguntas.

Recuerdo haber pensado que, con esa última frase, el policía cortó la posibilidad de que naciera una buena amistad. Uno suele ser muy sincero con los guardias de fronteras, y si se extendieran un poco uno podría, tal vez, comprender mejor el mundo y comprenderse mejor a sí mismo. Pero me quedé callado.

El origen de mi tragedia fue un capricho y una larga noche de insomnio. Pero todo empezó, como siempre, con algo feliz. Ya lo dijo el viejo Graham Greene: «Sólo se llora cuando antes se ha sido feliz. Detrás de cada lágrima se esconde algo envidiable.» Me encontraba en Yakarta, regresando de un reportaje en Timor Oriental sobre el premio Nobel de la Paz y la guerrilla timorense. Pero en lugar de viajar directamente a París cambié el pasaje de Air France y fui a Singapur, pues tuve el capricho de beber un Singapur Sling en el bar del hotel Raffles, mecido por el aire de las hojas de palma que ondean en el techo. Ése fue mi funesto capricho, algo que, sin duda, tiene que ver con los ecos de la perdida nobleza familiar, de ciertos genes que, en mi interior, parecen no querer aceptar que hace ya mucho tiempo no tenemos castillos ni riquezas, un poco como le sucede a ciertos campesinos chinos, los cuales, según vi en un reportaje, no se han enterado de que murió el emperador y lo siguen venerando. Un funesto capricho. Entonces cambié el billete directo a París por una conexión a través de Garuda Airlines con escala de una noche en Singapur, y para allá me fui. Por supuesto, mis viáticos no me permitían pasar la noche en el Raffles, así que tomé una habitación en el Shangri-La Hotel, cerca de Orchard Road, me pegué una buena ducha y me dispuse a salir.

Pasé la tarde visitando los lugares queridos de esa ciudad tropical que muchos llaman «la perla del sureste asiático», es decir la explanada del Clark Quay, los almacenes chinos de Tanjong Pagar y el Little India, en donde compré especias de Madrás y algún que otro *souvenir*. También me di una vuelta por la Mezquita del Sultán y finalmente compré telas en Arab Street, dando rienda suelta a esa manía tan propia de mi familia de llenar las maletas con cosas hermosas e inútiles. Pero a partir de las siete de la noche empezó lo mejor, pues me instalé en la barra del Long Bar y pedí mi Singapur Sling. Lo bebí lentamente, masticando cacahuetes, y pedí un segundo, y un tercero, hasta que el barman perdió la cuenta y yo decidí salir al patio a comer un plato de carne a la brasa con arroz blanco, el exquisito *nasi puti*, y más cócteles. Yo observaba el líquido rojizo pensando que en ese mismo lugar, hacía unas cuantas décadas, Rudyard Kipling, Joseph Conrad y Somerset Maugham habían bebido lo mismo, y entonces cerraba los ojos y me decía en la mente: «Saboréalo bien, Esterhazy, tanta delicia tiene que servir para algo.» ¿Para qué? Mi vida era una sucesión de líneas irregulares sobre el planisferio, un mapa vital sobrepuesto al otro mapa, el de las rutas de viajeros y las líneas aéreas. Siempre creí que en alguno de esos lugares encontraría el sitio ideal para empezar una nueva vida, una vida de verdad. Alguna vez creí que ese lugar era París, pero luego, con el tiempo, me fui dando cuenta de que los lugares en los que uno vive son impermeables a los sueños, y que no hay nada más tonto que la calle y el número en el que recibimos el correo, la habitación en la que nos levantamos todos los días y el espejo cotidiano del baño, el mismo que nos devuelve esa fatigada cara que ya no nos convence, que nos da lástima y que, por desgracia, es la única que jamás nos traiciona. Tal vez buscando otro rostro me fui yendo a ciudades cada vez más distantes, a un torbellino de países que al cabo de un tiempo se convertirían en recuerdos lejanos, en fotos dobladas dentro de un libro y viejos sellos de pasaporte. La felicidad está siempre en el siguiente viaje. O más bien: en ese bello país al que nunca fuimos.

En Singapur podía ser feliz, pues ya lo había sido con Sarah. También en Java, en uno de esos pequeños trenes de arroz que atraviesan la isla con sus ventiladores y olores a especias... O en Samur, isla de Bali, muy cerca de ese territorio de sueños en el que Stevenson intentó encontrar la vida, y la muerte lo encontró a él. También había sido feliz en Sarajevo pero me daba vergüenza decirlo: allí sentí el verdadero valor de la vida, pues en la época de la guerra la vida era algo precario. Todo esto pensé yo, Esterhazy, al acabar de comer en el hotel Raffles, cuando ya iba por el sexto o séptimo Singapur Sling. Y con toda esa carga semántica en el espíritu la vida fue aún más bella, y entonces salí a caminar hasta la rotonda de la Raffles City y tomé un *becak* que me llevó a mi hotel, más allá del Jardín Botánico, sabiendo que en la mañana debía tomar el vuelo de Singapur Airlines a París.

Las luces del avión bajaron hasta desaparecer luego de la proyección de *Sabrina*, con Harrison Ford, en mitad de la noche. Entonces encendí la luz piloto para seguir leyendo una antigua edición del *Criticón*, de Baltasar Gracián, que papá me había regalado de cumpleaños tiempo atrás. Leía y al mismo tiempo miraba los puntos luminosos allá abajo, en la oscuridad, tal vez barcos en los que sucedían escenas memorables, dramas hermosos de heroísmo y dolor que para mí eran sólo eso: una diminuta estrella brillante en medio del negro de la noche. Pero el destino me salió al encuentro de un modo abrupto cuando el indicador de vuelo mostró la silueta del avión sobre el océano Índico: primero vino una pequeña zona de turbulencias, como dijo el piloto por el altavoz, y luego un verdadero huracán. Los vacíos de aire parecían saltos en el vientre de una ballena y el avión dio tales recobecos y estornudos que terminaron por despertar a todos los pasajeros. Una de las jóvenes azafatas, empujada por el intenso oleaje del aire, terminó por sentarse a mi lado, en la esquina trasera del avión. Vestía el uniforme de la Singapur Airlines, es decir falda azul y camisa blanca, pero debía de ser uno de sus primeros vuelos pues la situación la llenó de pánico. Yo, que era más bien tranquilo y que tenía una terapia para el miedo que consistía en gritar en la mente «¡Que se caiga, que se caiga!», ya empezaba a pensar que sería bello, tras el accidente, que encontraran el cadáver de un periodista colombiano abrazando una vieja edición del *Criticón*... En fin, en ésas estaba, tratando de improvisar una muerte digna, cuando sentí la mano de la azafata levantando mis dedos. Me dejé acariciar y luego le dirigí una mirada que no sabía que estuviera en mi repertorio de miradas, pero que quería decir algo así como «aunque no parezca yo nací en tu misma calle y te comprendo, y si vamos a morir, te juro que soy tu hermano, tu vecino, el compañero de clase que siempre te quiso en silencio». La jovencita, que se llamaba May Lim —bueno, la verdad es que yo aún no lo sabía—, entendió todas mis frases, incluso las que no dije, y me miró como diciendo «si hay algo que desees de mí pídelo ahora, pues ante la muerte nada me impide hacerte feliz». En ésas estábamos, charlando sin charlar, cuando las luces del *Fasten seat belt* volvieron a apagarse y el avión dejó de estornudar, toser y maldecir, y en un minuto recuperó la estabilidad. Nos quedamos mudos, pues ninguno de los dos sabía qué hacer ahora que teníamos los corazones tan abiertos. Y no hicimos nada, pues ella se levantó pidiendo disculpas y se fue detrás de esa misteriosa cortina trasera en donde sobrecargos y azafatas juegan al dominó y ríen mientras los pasajeros duermen.

Yo decidí dormir. Y en ésas estaba, en plena oscuridad

y noche del avión, cuando la misma mano volvió a levantar los mismos dedos. La miré a los ojos y vi, como en una bola de vidrio, una vida feliz con tres hijos y una granja de frutales cerca de Kuala Lampur. Todo eso había en los ojos que me miraban. Entonces, sin dudarlo, la besé, y la seguí besando, y a medida que la respiración de May Lim se hacía más fuerte me fui animando con la mano por debajo de su falda hasta llegar a esa zona protegida y difícil, llena de misterios, y ahí sí que May Lim casi se ahoga y hasta pegó de pronto un grito cuando logré tocar su carne empapada de amor en donde estaban la granja y los hijos y la felicidad de una vejez tranquila en la península de Malasia, sobre la costa, a treinta y seis kilómetros de la frontera con Tailandia. La escena de amor duró unos cuantos minutos pero terminó al llegar a París, en el Novotel de Roissy, donde la compañía aérea alojaba a sus azafatas. Bueno, pero eso sí no se lo cuento.

Me enamoré de golpe, y además me di cuenta de que la mejor manera de llegar a la ciudad en la que vivía, a mi propia ciudad, era haciendo un alto en un hotel del aeropuerto con un amor que sólo podía tener la intensidad de las relaciones que se entablan con desconocidos. May Lim abrió las cortinas y pude ver a lo lejos las chimeneas de una gigantesca fábrica, los enormes trípodes del aeropuerto Charles De Gaulle y las pistas de la Aerogare T9, de donde salen los vuelos chárter. Y sentí de pronto que no era la misma ciudad, que no estaba llegando a mi casa, a mi dentífrico y a mis largas noches de insomnio, sino a un lugar feliz, a uno de esos países en donde está prohibida la tristeza. Viéndola encender un cigarrillo, sentada en la cama y cubierta con mi camisa, pensé que nunca más regresaría a mi vieja ciudad.

Pero May Lim volvía esa tarde a Singapur vía Karachi,

así que, apesadumbrado, la acompañé hasta la entrada de azafatas del Terminal Uno. Me prometió llamar la semana siguiente pues sus rutas de trabajo de los próximos días eran Bangkok y Kuwait City.

—No importa —le dije—, todos los aeropuertos son iguales. Te buscaré.

Había pronunciado, sin saberlo, la frase de mi tragedia. Pasé la semana revelando fotos en el laboratorio y eligiendo imágenes entre montañas de negativos, aunque siempre atento a los mensajes del contestador o a la señal vibratoria del celular que llevaba amarrado a la cintura. Pero nada. Miraba las fotos de timorenses armados y veía las caderas de May Lim; cuadraba la lupa sobre algún detalle de las comisarías del ejército de Suharto y encontraba su bellísima cara mordiéndose el labio. «Mierda» me dije al cabo de cuatro días, «todo indica que estoy enamorado». Pero pasó el tiempo, como en las novelas de Dostoievski, y no sabía nada de ella. May Lim había desaparecido y al llamar a la compañía me di cuenta de algo ridículo: Lim no era su apellido sino parte de su nombre de pila, y para que la buscaran por el nombre tenía que demostrar algún parentesco o inventar alguna gracia excesiva, de esas que tanto se parecen a la idiotez y contra las cuales siete generaciones de torvos Esterhazy me blindaban. Tuve el mismo problema al intentar sobornar al recepcionista del Novotel de Roissy, y ni siquiera mi tarjeta de prensa y una enorme mentira sirvieron de ayuda con la oficina de Singapur Airlines. La encargada de personal del aeropuerto, tras decirme que no podía hacer nada, me propuso irme a la lejanísima y brumosa mierda con una velada acusación: «Usted se imaginará, señor, que no es el primero que se enamora de una cabinera... Si hubiera que darle la dirección y el teléfono de las azafatas a cada viajero no daríamos abasto. Esto es una compañía aérea, no una agencia matrimonial.»

Me sentí ridículo, pero al volver al carro, mi viejo Golf azul marino, descubrí que me esperaba un mensaje en el teléfono celular: «Espérame en la cabina 22 del Cocoon, en Roissy, el sábado a las siete y media de la tarde. Te recuerda, May Lim.» Mi cuerpo tuvo tres reacciones simultáneas: el corazón dio un puñetazo contra el pecho, tiré al aire un suspiro enamorado y se me paró. Cocoon era el nombre de las cabinas de reposo, minidormitorios que se alquilaban por treinta dólares en el aeropuerto de Roissy. Esperé un día entero y una larga noche, y el sábado me planté allí desde el mediodía, tras inventar una disculpa para evadir una sesión de fotos en la sede de la presidencia.

A la hora prevista sonó el timbre. Con pulso tembloroso abrí la puerta, escondiendo en la otra mano un ramo de rosas amarillas y una edición en inglés de *Cien años de soledad*. Pero mi espíritu se quedó de piedra: no era May Lim. Era una joven negra con uniforme chocolate claro y un letrero en la hombrera que decía Gabón Air.

—Debe de haber un error... —alcancé a decir.

—No, tú eres el periodista, ¿verdad? Te traigo un mensaje de May Lim, a quien vi esta mañana en Dubai. No va a poder venir porque a última hora le cambiaron la ruta y ahora está viajando hacia Nueva York, pero me pidió que te diera un mensaje... Espera un momento, lo tengo por aquí.

La joven entró al pequeñísimo cubículo y abrió la cartera. Me entregó un sobre y luego dijo:

—Perdona, ¿puedo entrar un segundo al baño?

No entendí nada. ¿Cómo era posible que le cambiaran el itinerario de forma tan abrupta? Con avidez saqué el papel y, para mi tranquilidad, encontré una bella foto. May Lim sonreía sosteniéndose la barbilla con los dedos. Era posible imaginar que de sus labios salía un beso. El papel, escrito en letra muy clara, decía lo siguiente: «Hubo problemas, querido. Si puedes el próximo martes tengo una escala en Bruselas. Estaré en el Hilton del aeropuerto en la habitación 309, a partir de las ocho de la noche. La joven que me hace el favor de llevar este mensaje se llama Louise y es una de mis mejores amigas. Quiérela como me quieres a mí. Sé que estarás decepcionado, por eso le pedí que fuera cariñosa contigo...» Terminé de leer esto y la puerta del baño se abrió. Entonces la vi salir, a Louise, quiero decir, con la falda en la mano y la camisa abierta. Un calzón lila se perdía entre los pliegues de una carne negra y abundante.

—Ven —me dijo—, vamos a volar juntos a Gabón, sin escalas y sin salir de este cuarto.

Sin dejarme responder me empujó sobre la cama, me desnudó y, de repente, algo mío desapareció entre sus labios. Luego se sentó sobre mis caderas volcando hacia adelante una cabellera negra que me dejó ciego, casi a oscuras, e inició una letanía mezclada con gritos en francés y en otras lenguas que yo, fotógrafo internacional, no pude entender, pero que me parecieron hermosos, llenos de olores desconocidos, de sándalos y aloes, como diría el poeta León de Greiff.

Luego, al quedarme solo, me consideré un hombre afortunado, pues a pesar de que mi amor por May Lim era fuerte y la extrañaba, me dije que una mujer como Louise, entrada en carnes y con una boca de fuego, no era para dejar pasar. Tenía la foto de May Lim en el bolsillo, veintinueve años y una nueva cita. La vida era hermosa, carajo.

El viaje a Bruselas fue fácil, pues por esos días había

estallado un escándalo de pedofilia en Bélgica. Con pocas palabras me hice enviar para tomar las fotos de una multitud manifestando contra el gobierno en la Grand Place, y cada vez que disparaba con el teleobjetivo miraba el reloj. A las ocho en punto llegué al Hilton y pregunté por la habitación 309. Cuando se abrió la puerta sentí que mis talones volaban, como los del veloz Aquiles: los labios de May Lim se abrieron en un beso, y ella, al tiempo que me arrancaba la camisa y el cinturón, me preguntó entre suspiros si me había enamorado de Louise. Yo le dije lo que dicen todos los que aman: «Ella tuvo mi cuerpo pero no mi alma, porque mi alma es sólo tuya, hermosa May Lim.» La volví a tocar y toqué el cielo, el espacio celeste del taoísmo. Pero al día siguiente, pasadas las siete de la mañana, vi con dolor que se vestía.

—Regreso a Singapur vía Hong Kong —dictaminó—. Tengo que estar lista dentro de media hora.

Nos despedimos llorando y me dejó otra cita:

—En cuatro días, es decir el martes, en el Sheraton de El Cairo, ¿puedes?

—Claro que puedo —respondí sin pensar—. Allí estaré.

El presidente Mubarak se reunía con el secretario de Estado norteamericano Warren Christopher, por eso podía. Di una vuelta por Bruselas, ciudad que detesto, y por la tarde regresé a París en un vuelo de Air France. Pero al bajar en el aeropuerto de Roissy encontré un mensaje de Louise en el contestador: «No sé si estés por ahí, pero si puedes me encontrarás a las siete de la noche en la cabina 37 del Cocoon. Acabo de llegar de Kinshasa y me gustaría verte.» Miré el reloj: eran las siete y cuarto. ¿Estaría aún en la cabina? Pudo más la curiosidad y, tras recuperar la maleta, tomé el autobús hasta el Terminal Uno. Di dos tímidos golpes en la puerta y al principio no hubo respuesta. Pasados unos segundos sentí que alguien quitaba la llave. La puerta se abrió.

—Sabía que ibas a venir —me dijo Louise, la piel mojada, apenas cubierta con una toalla que iba del borde de los senos hasta el ombligo—. Entra, acabo de ducharme.

La vi agacharse y jugar con mi cuerpo. Era hermosa: sus nalgas tenían tonos violáceos, pequeñas estrías que convergían hacia una caverna oscura.

—No sé nada de ti —le dije encendiendo un cigarrillo—. Ni siquiera sé tu apellido.

—No importa. Me llamo Louise. Tengo veintiséis años y nací en Nairobi. Eso quiere decir, como supongo que sabrás si fuiste al colegio, que soy keniata. Trabajo en Gabón Air hace tres años.

—¿Dónde conociste a May Lim?

—En el aeropuerto de Luanda. El paisaje es tan árido que uno termina por charlar con cualquiera que se le ponga delante más de cinco segundos. A veces nos vemos en París, o en Bruselas. ¿Tú vienes de allá?

Me sorprendió.

—Sí, ¿cómo lo supiste?

—Sé leer los *stickers* del equipaje, bobo. No me mires así. —Señaló mi maleta—. Esas letras quieren decir «Bruselas».

Se vistió despacio, frente a mí.

—Estuve con ella, pero no le conté que te había visto.

—Ya lo sabe, no te preocupes.

Entró al baño. Luego se escuchó el soplido de un secador de pelo. Vi su bolso y dentro un sobre de correo postal. Estuve tentado de abrirlo pero no lo hice. Me contuve porque entendí que sería un gesto de amante celoso.

— 183 —

También vi una cajita de joyería con una tarjeta pegada. La tarjeta decía: «Recuerdo de una estupenda mamada en la autopista París-La Rochelle. Con un beso, Cyril.» En ésas estaba cuando un golpe sonó en la puerta. Y luego otro. Me quedé petrificado. Con el sonido del secador Louise pareció no escuchar y entonces me acerqué a la puerta y dije con voz nerviosa:

—¿Quién?

—Soy yo, Louise, abre... —Era una voz de mujer.

Me vestí a la carrera, sin contestar. Con la camisa abierta y el pantalón desabrochado metí la cabeza en el baño.

—Louise, alguien te llama.

—Debe de ser Cindy —respondió Louise—. Ábrele, es una amiga inglesa.

Abrí la puerta y vi a una joven pelirroja. Su uniforme era azul marino y el signo de la gorra era de la British Airways.

—Tú debes de ser el fotógrafo —dijo, dándome la mano.

—Mucho gusto —respondí confundido.

Louise acabó de vestirse y salió. Casi sin mirarme le dio la llave del cuarto y le dijo:

—No tuve mucho tiempo para arreglarlo, perdona... Dejé un poco de champú en la ducha. ¿Ya se presentaron?

Yo me puse las medias avergonzado.

—Sí —balbuceé—. En un segundo estoy listo, señorita, disculpe.

—No te apures —me dijo Louise, ya en la puerta—. Quédate un rato con ella. Cindy quería conocerte. Te llamo la semana entrante, chao.

Louise salió y la pelirroja me miró con las mejillas coloradas. Luego dejó el maletín sobre el sillón con cierta torpeza y de él cayeron varios libros. Leí los títulos: *The intelectual and the masses*, de John Carey, en una edición de la Faber&Faber; *Under the vulcano*, de Malcolm Lowry, y la poesía completa de Ezra Pound. Me quedé sorprendido y la miré a los ojos. Cindy volvió a ruborizarse y recogió los libros sin decir palabra.

—¿Está leyendo todo eso? —le dije.

—Sí, bueno... Sí —dijo, intentando meterlos en la cartera—. Los estoy leyendo. Ésa es la verdad.

Noté que la pregunta era ridícula. Me puse la chaqueta y avancé hacia la puerta.

—¿Puedo invitarla a tomar un café?

La pelirroja me miró y vi que tenía un par de hermosos ojos verdes. Verde olivo profundo, lo que daba un toque de tristeza a un rostro luminoso.

—No tomo café, pero sí agua mineral con gas.

—Venga, la invito y hablamos sobre lo que está leyendo.

Salimos del Cocoon y fuimos a sentarnos al Relais Café, al lado de las vidrieras centrales. Uno de los relojes digitales daba las once y veintidós minutos de la noche. Había poca gente y por el aeropuerto se expandía una atmósfera inhóspita.

Entonces pensé que llevaba varias horas en París y que aún no llegaba a mi casa. En un segundo me arrepentí de haberla invitado.

—Me gusta la lectura, por eso siempre llevo libros —dijo Cindy bebiendo a sorbos lentos una Perrier—. Sé que es una respuesta idiota, pero hay gente que lleva libros para pasar el rato, para dormirse en el avión o para tener algo conocido en la mesa de noche del hotel. Yo lo hago simplemente porque me gusta leer.

—Es una buena respuesta —reviré—. Pero me intrigan los títulos.

—¿*Bajo el volcán*? Es una excelente novela. John Huston la llevó al cine con Albert Finney y Jacqueline Bisset, ¿la vio? —dijo ella.

—Sí, y también lo leí.

—Si usted leyó la novela, ¿por qué le parece extraño que yo la esté leyendo?

—No sé —dije—, nunca había visto un libro así en manos de una cabinera. Sé que estoy diciendo una tontería, pero ésa fue la razón de mi sorpresa.

—Bueno, le perdono su comentario —dijo Cindy, riéndose—. Me gusta que la haya leído. Dígame, ¿no cree que el primer capítulo es un poco largo?

—Sí, pero Lowry lo justificó diciendo que la lentitud era para que el lector se impregnara bien del lugar y de la ceremonia del día de los muertos.

—¿Dónde lo dice? —preguntó.

—En una carta a su editor.

—Pues no lo sabía. —Sacó lápiz y papel—. ¿Me puede escribir el nombre aquí?

—Bueno, supongo que está en el volumen de cartas completas de Lowry. No recuerdo la fecha.

Cindy me explicó la teoría de Carey sobre el intelectual y las masas, los privilegios que éste recibe de aquéllas y su responsabilidad frente a esa situación, y terminamos comentando los enloquecidos poemas de Ezra Pound, su barbita rojiza y la cárcel-jaula en la que fue aprisionado por sus simpatías hacia el nazismo, tras ser juzgado traidor a la patria. La conversación me gustó y acordamos tutearnos.

—Lo que me atrae de Lowry —dijo Cindy—, es que está envuelto en una tradición trágica que a mí me parece muy anglosajona: el alcohol y la destrucción de sí mismo.

—No lo había pensado...

—Claro, a nadie se le ocurre que André Gide o Sartre fueran alcohólicos —remató Cindy abriendo los ojos—.

Eso es anglosajón. Fíjate, de todos los premios Nobel de Literatura norteamericanos la única no alcohólica es Tony Morrison...

Al término del café era medianoche pasada y consideré que era un buen momento para retirarme. Cindy debía quedarse a dormir en el aeropuerto.

—¿Te vas mañana? —le pregunté.

—Sí, salgo para Heathrow y de ahí viajo a Nueva York.

—Me gustaría volver a verte, ¿vuelves a París por estos días?

—La semana próxima. Te llamo para decirte cuándo.

—Mira, ésta es mi tarjeta. —Le señalé con el dedo—. Ahí está mi teléfono.

—Bueno —dijo poniéndose colorada—, te confieso que ya lo tengo.

La miré sorprendido.

—Sí, me lo dio Louise el día que me habló de ti.

—Ah...

Volví a mi casa confundido, fatigado y vagamente enamorado. Enamorado de Cindy, se entiende, pues todo había pasado muy rápido y la verdad siempre había soñado con una mujer a la que le gustara *Bajo el volcán*. Tenía además lindos ojos, ojos de irlandesa, pero de inmediato extraje la foto de May Lim y el corazón me dijo no, no compadre, el orden jerárquico no es ése y May Lim va primero, si no mírate ahí donde tú sabes, y miré y en efecto vi que tenía levantado el pantalón, y traté de rebelarme diciendo pero carajo, quién es el que manda aquí, pero el pantalón siguió inflándose hasta que cedí diciendo bueno, *okay*, ya entendí, maricón el que vuelva a preguntar. Al comprender lo que me sucedía, o al aceptarlo, en realidad, recordé una frase oída no sé dónde: «El que haya estado en la cama con una oriental no volverá a disfrutar de este lado del mundo.» Tal vez tenía razón.

Ante el caudal de experiencias, supuse que era hora de sentarse a reflexionar. ¿Hacia dónde iba con May Lim? Apenas la conocía. Había pasado dos noches con ella y la verdad hablar, lo que se dice hablar, pues habíamos hablado poco. Pero entonces una voz en la mente me dijo, en tono enfático: ¿y dónde está escrito que los amores se fabrican hablando? Eso también era cierto, concedí. Digamos que una buena conversación ayuda a llegar al mismo lugar. Yo mismo había defendido, en discusiones intelectuales con colegas de la prensa escrita, que la máxima unión entre dos personas se logra cuando ambos son capaces de pasar una tarde sin dirigirse la palabra. La pura compañía en silencio. Ahora bien, Cindy era el caso contrario: no tenía ningún motivo físico para recordarla, pues no me había acostado con ella. La recordaba ennoblecida por una charla hermosa, pero sin el redoble de los sentidos. Las delicias que parecía esconder debajo de su uniforme me eran desconocidas. Y finalmente estaba Louise, que era la fiesta del órgano. Una coral de Bach. Con ella sí no había confusión posible. Lo que me inquietaba, para qué negarlo, era la confianza tan grande entre Louise y May Lim en lo referente a mí. La liberalidad con la que May Lim me había empujado a sus carnes, a las de Louise, me hacía dudar de sus sentimientos. Un comportamiento extraño en una mujer enamorada. Todo era muy raro.

Por la tarde seguí reflexionando, y luego por la noche. La verdad, me moría de ganas de ver a Cindy, pero no tenía dónde llamarla. Pasaron otros dos días y empecé a prepararme para la cita en El Cairo con May Lim, aunque repleto de dudas. ¿Debía ir a ese hotel como un amante ciego y dócil, a recibir de su mano el pienso de la felicidad, sin hacerle preguntas engorrosas? ¿No sería más conveniente pedirle una cita aquí en París, en mi casa, invitarla a cenar y saber mejor qué sentimientos albergaba hacia mí? Me decidí por lo segundo, confiado en el proverbio que dice que una determinación tomada a tiempo es mejor que un rapto de locura. En fin, locuras ya había hecho muchas. Locuras y caprichos, y la verdad es que en la agencia varios colegas empezaban a mirar con desaprobación mi diligencia, mi extrema disponibilidad y mis repentinos cambios de planes. Entre todos habíamos pactado con la dirección un código de respeto por nuestras vidas privadas, gracias al cual habíamos logrado no ser desplazados como fichas sobre un tablero, sin avisos previos. Pero mi comportamiento inestable de los últimos días iba en sentido contrario, pues no sólo salía para todas partes sin exigir los preavisos, sino que además me presentaba de voluntario, rompiendo todas las normas tácitas que tanto nos había costado lograr.

Por todo esto cancelé mi viaje a El Cairo y permanecí en París, haciendo las fotos de una visita privada de Margaret Thatcher, con motivo de la salida en Francia de un libro suyo de memorias. No pude avisarle a May Lim, pues no tenía dónde llamarla, así que me limité a esperar que ella se comunicara para darle una explicación y proponerle una cita en mi casa.

Pero al iniciar la semana me llamó Cindy.

—Te estoy llamando desde Lisboa —me dijo—, en dos horas vuelo a Londres y por la tarde salgo para París, ¿estarás libre esta noche?

Le dije que sí y me alegró tanto que hice algo absolutamente inusual: fui a las galerías Lafayette y me compré una corbata. Luego pasé por el *traiteur* Flo y elegí una tremenda cena, y por último di un salto a la cava Nicolas para comprar algunas botellas de Saint Emilion.

Cindy estaba hermosa. Tenía un vestido azul que le llegaba hasta la mitad del muslo y un abrigo vino tinto. Tenía un regalo para mí, ¿qué era?

—Ábrelo —me dijo muy coqueta.

Casi me caigo de espaldas: era una edición en portugués del *Libro del desasosiego*, de Pessoa. Mientras acariciaba el lomo pensé que nunca antes un regalo había tenido un nombre tan contrario al efecto que producía, y la besé, y la seguí besando, y como en la historia de Paolo y Francesca, de la *Divina Comedia*, el libro resbaló hacia un lado, y la comida de Flo, espléndidamente servida, debió enfriarse en el plato, y el vino lo tomamos sobre el tapete, extenuados y felices, y la corbata acabó sirviendo de moño para el pelo de Cindy. A las tres de la mañana nos asaltó el hambre y calentamos algo de la cena en el microondas, y luego dormimos muy juntos, como dos viejos enamorados que se reencuentran, pues siempre que alguien entra en nuestro corazón es como si lo recuperáramos de una larga ausencia.

A las seis de la mañana el teléfono sonó. Yo estaba soñando que me encontraba, como Jonás, en el vientre de una ballena, y por eso creí que el silbido del teléfono era la sirena de un barco que venía a buscarme. Levanté el auricular pasando el brazo sobre la espalda de Cindy, que aún dormía.

—*¿Aló?* —dije, dispuesto a mandar a la mierda a quien fuera, pues a esas horas sólo se llama para una defunción.

—Soy May Lim. ¿Estabas dormido?

Me dieron ganas de responderle con una frase que había leído hacía poco: «No, me estaba peinando.» Pero noté, por su tono de voz, que algo no andaba bien.

—Hola —le dije—, estaba esperando que llamaras. Mi

viaje a El Cairo se canceló y no pude avisarte. ¿Dónde estás?

—Donde yo esté no importa —respondió enfurecida—. Importa dónde estás tú. O mejor: importa dónde no estás, dónde deberías estar...

Me levanté procurando que Cindy no se despertara y fui a hablar al salón. Al pasar frente al espejo del corredor vi a un chimpancé raquítico y albino. Casi pego un grito.

—No es mi culpa —le dije—. Si me hubieras dejado un número te habría podido avisar. ¿Por qué tanto misterio?

—No me digas mentiras —repuso—. Sé que cancelaste tú mismo el viaje, y sé que estás con la puta esa, ¿ya se despertó? Si está despierta dile que pase al teléfono.

Me quedé perplejo. Respondí que no, que Cindy dormía. Le pregunté dónde estaba.

—Estoy en Tel Aviv, pero la persona que debía reunirse contigo en El Cairo está furiosa. Me metiste en un buen lío, mi querido Aníbal.

Dicho esto colgó, y yo me quedé mirando el auricular como si fuera un animal venenoso. Así me encontró Cindy.

—Era May Lim, ¿verdad?

—Sí, ¿cómo lo sabes?

—Es la única que puede haberte llamado a esta hora.

—Dijo que quería hablar contigo.

—Lo imaginé —dijo Cindy caminando hacia el baño, metida entre una de mis camisetas.

A mí me encantan los enigmas, para qué voy a negarlo, pero supuse que ya era hora de que alguien se tomara la molestia de explicarme lo que estaba pasando. ¿Todas se conocían? ¿Por qué todas parecían entender menos yo? ¿Por qué no ir a El Cairo puso a May Lim en un problema?

Entré al baño dispuesto a exigir respuestas, pero Cindy me pidió que la esperara afuera. Estaba sentada en la taza. Tenía el calzón en los tobillos y había encendido un cigarrillo. «Perdona», le dije, y fui a sentarme en el sofá. Recogí el libro de Pessoa y leí al azar una página. Entonces algo dentro de mí, esa voz aguafiestas que es la primera en advertir los peligros, me hizo saber que la parranda había terminado.

Cuando Cindy salió del baño le pedí que se sentara. Pero ella insistió en preparar un café. Un rato después, ya con la taza en la mano, comenzó a hablar.

—Hay algo que tú no tienes por qué saber. Nosotras, en esta profesión, nos hacemos favores. Favores que pueden ir desde llevar un paquete, pasar un mensaje o saber guardar un secreto. Como en cualquier profesión, por otro lado... A ver si me explico. Nuestra vida es difícil, llena de soledad, de momentos de angustia, de lejanía...

—Estoy a punto de llorar —la interrumpí—. Por favor ve al grano.

—Para allá voy —dijo algo molesta—. Por eso muchas de nosotras, y esto es algo muy normal, intercambiamos amigos, relaciones que pueden ser de todo tipo, ¿entiendes? Una voz, compañía, un amante con quien pasar una noche. Y por supuesto esos favores, como todo en la vida, se pagan. No hay nada de malo en eso, no pongas esa cara.

Me serví más café, algo intrigado. Luego encendí un cigarrillo rompiendo la promesa de no fumar antes del almuerzo. Cindy continuó:

—Lo más seguro es que May Lim, al no poder ir a El Cairo, haya dado tu nombre a alguna colega a cambio de algo. Y como tú no fuiste ahora ella está en deuda, pues lo más seguro es que May Lim sí haya obtenido su parte del trato en Tel Aviv, ¿me sigues?

No lo podía creer. Así que yo, y quién sabe cuántos más, éramos meras fichas de cambio.

—¿Y yo cuánto valgo en la tablilla? ¿Cuánto te está costando a ti esta nochecita que acabamos de pasar?

—No te pongas nervioso —me dijo—. Yo estoy aquí libremente. Vine porque quise, porque me gustaste la otra noche. De ahí la rabia de May Lim. Tú eres de ella y yo no le estoy dando nada a cambio. Fíjate, ahora yo también estoy metida en un buen lío.

La tranquilidad con la que habló fue lo más hiriente. Me levanté, recogí su ropa, abrí la puerta y la tiré al corredor. «Fuera de aquí», le grité. La última imagen que tuve de Cindy fue su blanco trasero agachándose a recoger el vestido frente al ascensor. El portazo debió de despertar a mis vecinos, pero me importó un bledo.

Pasé el día mascullando una venganza, diciéndome que una burla de esas dimensiones no podía quedarse así. Todos los Esterhazy, me dije, incluido el que denunció a Dreyfus, deben estar retorciéndose en sus tumbas. De herida dignidad, algunos; otros de risa. El día terminó y vino el siguiente, y otro más. Y me di cuenta de que con el tiempo hasta las afrentas más sólidas se van deshaciendo, como el azúcar en el agua, y entonces empecé a preguntarme si no había exagerado, si no había creado una tormenta en un pequeño vaso. Demasiada dignidad para tan poco, me dije de pronto. Pero ya estaba hecho.

Menos mal que a la semana siguiente tenía un viaje a Nueva York, pues el mejor antídoto para dejar atrás amores inútiles sigue siendo, en mi caso, el trabajo. Tomé la precaución de reservar un pasaje en Continental Airlines y el día del viaje aparecí de último en la fila, con el cuello de la chaqueta levantado y unas enormes gafas de sol. A cada paso temía encontrarme con alguna de ellas, pero hice todo muy rápido y a los pocos minutos ya estaba sentado en mi silla, al fondo del avión, riéndome de las absurdas precauciones, pues, ¿qué podía suceder? Las azafatas de Continental y un diminuto sobrecargo de origen puertorriqueño me parecieron amigables. No había ningún peligro. Mientras preparaba mis lecturas de viaje escuché al aeromozo enano, que, por cierto, era fisicoculturista, hablar en español con un pasajero. Decía que lo que más le gustaba de su trabajo eran los vuelos por América Latina, pues era en esas rutas donde subían las pasajeras más ardientes. Su frase me provocó una gran compasión: además de enano y erotómano, era sin duda un mentiroso. Pero luego fui más comprensivo y dejé de juzgarlo, pues comprobé que su estatura era ideal para su trabajo. Al ser tan bajito no molestaba la visión del televisor al pasajero cuando atravesaba el corredor.

Sería un viaje tranquilo, así que saqué mi libro y comencé a leer, distraído cada tanto por el *scanner* del vuelo.

La primera sospecha la tuve cuando una joven me sirvió el aperitivo. En medio del whisky, encima del hielo, había una espuma babosa que parecía un escupitajo. Lo hice notar a la azafata quien, sin mirarme, retiró el vaso. Pasaron veinte minutos y mi whisky no volvía, y cuando por fin lo trajeron tuve la sensación de que se trataba del mismo vaso con el miasma disuelto. Decidí no tomarlo y me quedé alerta. Con la comida fui muy precavido. Antes de llevarme el primer tenedor a la boca revisé la bandejita y, oh sorpresa, encontré una cucaracha muerta debajo del arroz. Pegué un grito y llamé a la azafata. Con ella vino el enano erotómano, en actitud desafiante. Les señalé el problema y se llevaron la bandeja. Un poco después me pidieron excusas, pues la comida estaba contada, así que no podían remplazarla. La joven me explicó de mala manera que al llegar al aeropuerto de Newark podía poner la queja en las oficinas de Continental, y agregó que de todos modos la compañía no era responsable, que la culpa la tenía la empresa encargada del suministro en tierra, y que al llegar a Nueva York podía, si quería, pedir los datos de esa empresa en París. El escupitajo, esa forma disuelta sobre el hielo, se repitió en los demás vasos de whisky, hasta que decidí dar por concluida la pelea. Ya me escucharían los de Continental en Nueva York.

Pero al llegar hubo otro problema. Cuando caminaba hacia el control de pasaportes dos agentes se acercaron, me tomaron de los brazos y me dijeron con voz enérgica:

—¿Señor Esterhazy?

—Sí, soy yo.

—Acompáñenos, por favor.

Me llevaron a una oficina de seguridad. Ahí supe que las azafatas habían dado la alarma a las autoridades, pues les pareció sospechoso que un pasajero de nacionalidad colombiana no hubiera probado bocado en todo el vuelo. Una probable señal de que llevaba algo en el estómago. Mis explicaciones no fueron escuchadas y salí siete horas después, tras haberme tomado a la fuerza un laxante que me licuó los intestinos. El único que me pidió disculpas fue el agente que me acompañó todo el tiempo en el baño, aunque precisó que había tenido suerte:

—Si hubiera venido directamente de Colombia le habríamos metido un tubo extractor, y eso sí es cosa seria. Imagínese, tiene el ancho de los catalejos con los que se estudia el planeta Venus. Claro, se aplica con vaselina.

Salí furioso, resuelto a comprar un revólver y a convertirme en pirata aéreo. El regreso a París fue idéntico. No probé la comida, sólo la desorganicé dentro del plato sin buscar los horrores que debía de contener. Los vasos de agua que pedí de aperitivo los regué en una bolsa que llevaba escondida y que vacié varias veces en el baño. Al llegar a París me surgió otro contratiempo. De nuevo la policía me retuvo durante un par de horas y supe que la guerra había comenzado. Entonces decidí atacar.

Lo primero que hice fue ponerme en contacto con algunos colegas de la agencia que hacían fotos de celebridades, especialistas en pillar a las famosas desnudas en la ducha de su casa y esas cosas. Luego pedí ayuda a mi amigo de más confianza en París, el periodista Eduardo Febbro, que escribía para *Página 12* de Buenos Aires. Eduardo me ayudó a analizar la situación y a planear la estrategia. Y nos pusimos en el frente de batalla.

Lo primero que hicimos fue ir al Cocoon de Roissy. Al no estar mi nombre en ninguna lista de pasajeros no podrían advertir mi presencia, lo que nos permitiría hacer los preparativos con calma. Allí alquilamos tres de las pequeñas habitaciones, junto con uno de los fotógrafos, y colocamos varias cámaras secretas a la espera de que las jóvenes llegaran con sus engañados amantes. A los tres días de vigilancia obtuvimos resultados, y en los negativos y videos encontramos imágenes de muchas de ellas realizando apetitosas e imaginativas acrobacias sexuales con viajeros, empleados del aeropuerto y de las compañías aéreas. Tan bien planeamos el golpe y tanta suerte tuvimos que en una de las sesiones aparecía Louise, la gabonesa, haciéndole a su parejo algo que ella misma bautizó «fellatio con burbujas», pues antes de tragarse el miembro del pasajero se llenó la boca de Coca-Cola. En otra, una joven rusa de Aeroflot era sodomizada de pie, recostada contra el televisor, por un diplomático sudanés, usando como lubricante un tubo de Vicks Vaporub, cópula contra natura a la que la joven aeromoza se refirió usando el término de «*dark menthol*». Y así muchas más. Confieso que al observar las imágenes se me hizo un nudo en la garganta, pues a pesar de la guerra declarada temí encontrar a May Lim en manos de otro, algo que afortunadamente no sucedió. Lo más parecido, por cierto, fue una lesbiana de la Thaï Airlines que entró con una gendarme francesa de la policía de fronteras quien, debajo del uniforme, llevaba ligas y calzones de cuero.

Tras estos exquisitos hallazgos, Eduardo fue a las oficinas de Singapur Airlines en Roissy y dejó un sobre con algunas de las fotos dirigido a May Lim. Adentro iba una carta que escribimos juntos y que decía: «Tengo aquí una serie de imágenes comprometedoras para tus amiguitas. Si no quieres que lleguen a la dirección de las diferentes compañías aéreas o que salgan publicadas en algún periódico con la historia completa, llámame. Tal vez podamos llegar a un acuerdo. Aníbal Esterhazy.»

Pasó una semana sin que hubiera respuesta, y en la agencia me informaron que debía viajar a Moscú, pues Clinton se reunía con Boris Yeltsin. Dudé en aceptar el encargo, pero hablando con Eduardo concluimos que lo mejor era hacer una prueba; tomando, claro, todas las precauciones. Entonces saqué un billete de la Swissair vía Zurich y me preparé para el viaje.

En el avión todo parecía normal. La comida estaba limpia y los aperitivos no tenían grumos extraños. Entonces pensé que el contraataque había dado resultado y que sólo cabía esperar la comunicación de May Lim para negociar la paz. Eduardo se quedó en París con mi celular, y ofreció también interrogar mi contestador. Si había novedades me las transmitiría al hotel Cosmos, en Moscú. Llegué al aeropuerto sin novedad, pero al buscar mi pasaporte en la chaqueta no lo encontré. ¿Qué había hecho con él? Desocupé todos los bolsillos pero no estaba por ningún lado, y al abrir mi maletín de fotografía comprobé con horror que la cámara y los lentes también habían desaparecido. En su lugar me habían dejado dos voluminosas guías de teléfonos, una de Singapur y otra de Indonesia. Así que comprendí el mensaje. El percance me obligó a perder un día entero en el aeropuerto, pues debí ponerme en contacto con la embajada de Colombia y los representantes de Sigma en Moscú. A las once de la noche, después de haber pasado el día entero tiritando en una oficina de la policía, pude salir a hacer mi trabajo.

Desde el hotel llamé a Eduardo y le conté el golpe que había recibido. Entonces decidimos enviar las fotos a los directores en París de tres compañías aéreas, amenazando con publicar la historia si no se tomaban medidas de castigo. Luego cambié el billete para regresar por San Petersburgo, pero no pude evadir los ataques: al llegar a París mi maleta se había perdido.

—La cosa se está poniendo difícil —le dije a Eduardo volviendo del aeropuerto—. Esperemos hasta el fin de semana, y si no se comunican publicaremos un reportaje con la historia.

Ya habíamos hecho contactos con el diario *Liberation*, de París, el *The Guardian* de Londres y el *Corriere della Sera* de Milán. Eduardo había escrito el texto y a todos les interesaba. Pero al llegar a mi casa las cosas se complicaron. La cerradura de la puerta estaba rota y alguien había revuelto todo. Los cojines del sofá tenían heridas en el estómago, los libros estaban por el suelo, la cama regada por el piso y el colchón abierto en varios lugares. Hablé con mi vecina de piso y me dijo que no había escuchado ningún ruido extraño, aunque sí recordaba haber visto en el portal a un hombre que nunca había visto por el edificio. Y ahora que lo pensaba, le había llamado la atención por su musculatura y porque era especialmente bajito. «¡El puertorriqueño erotómano!», me dije. Guardé algunas cosas en un maletín y me fui a dormir a la casa de Eduardo, y al día siguiente enviamos la historia a los diarios.

El escándalo saltó el fin de semana. Hubo algunos comentarios en la televisión, se entrevistó a algunos directores de compañías aéreas —que explicaron que se trataba de casos aislados—, y llegó a sugerirse que podría tratarse de un boicot por parte de compañías competidoras. El problema era la dificultad para conseguir testimonios con los viajeros, pues obviamente ninguno quería dar su nombre ni hacer declaraciones ya que en casi todos los casos se trataba de hombres adúlteros. Debí negarme a hacer los dos siguientes trabajos, argumentando una inexistente enfermedad, y me encerré con Eduardo a pensar qué debía hacer. Lo primero que analizamos fue que mi profesión me impedía prescindir de los aviones, y que ya estaba demasiado crecido para cambiar de vida. Tampoco podía continuar enfrentándome pues no quería averiguar a mi costa hasta dónde serían capaces de llegar, y nada de raro tendría que una noche el aeromozo erotómano me saltara encima con un picahielos. Tampoco podía seguir así: escondido, con la casa patas arriba, con el peligro de ver desaparecer mi equipo en los viajes y los inconvenientes ante las autoridades... Al cuarto día de encierro, desesperado al ver que no podía hacer nada, decidí escribir una carta de rendición.

Esto fue lo que escribí: «Estimada May Lim. Ganaste la partida. Mis armas, según pude ver, no llegaron a tocarte. Por favor comunícame cuáles son tus condiciones. Me rindo. Esterhazy.» Eduardo llevó la carta y me senté a esperar la respuesta. Pero a los tres días ésta no había llegado, entonces supuse que se pondrían en contacto conmigo en el siguiente viaje. Con esa idea acepté un trabajo en Barcelona y preparé maletas.

Al llegar al aeropuerto abrí bien los ojos, a la espera de que alguien se acercara. Luego subí al avión tratando de identificar algún gesto en la tripulación, pero no noté nada extraño. Sudaba y el corazón me daba golpes en el pecho. En el aeropuerto de El Prat no hubo ningún inconveniente y pensé que la pesadilla había terminado. A lo mejor, me dije, prefirieron echar tierra al asunto y dejar las cosas así. Y me pareció bien.

Pero no fue tan fácil, pues a mi regreso a París, justo al bajar del avión de Air France, una de las azafatas me entregó un maletín: «Olvidaba esto, señor.» No me atreví a abrirlo en ese momento, y sólo cuando subí al taxi para ir a la casa de Eduardo revisé su contenido. Era mi equipo de fotografía, el mismo que me habían quitado en la ruta Zurich-Moscú. Dentro había una carta con las condiciones de mi capitulación. Éste era el breve texto: «Nos gustaría leer un desmentido en la prensa sobre el escándalo que armaste. También queremos todos los negativos de las fotos y los casetes de video en un sobre a mi nombre esta misma semana, en la oficina de la compañía en Roissy. Y una última cosa, querido Esterhazy: tienes una cita el próximo sábado en el Sheraton de Estambul, a las ocho de la noche. Habitación 907, no faltes.»

Desde entonces le pertenezco a May Lim. Nunca más he vuelto a verla, ni a Cindy ni a Louise, pues durante los primeros meses el castigo consistió en darme citas con azafatas vulgares, que herían mi sensibilidad y mi gusto. He presentado algunas quejas al respecto que

hasta ahora no han sido escuchadas, aunque esta mañana, en un vuelo de Austrian Air con destino Viena, me
hicieron saber que si mi comportamiento era correcto
tal vez para el año entrante podrían tomar en cuenta mis
peticiones.

Índice

Acuérdate de mis ojos

Antonio Sarabia

Un hombre ya maduro que vislumbra en los ojos de su joven amante otros ojos en los que se abismó muchos años atrás; una antigua mansión habitada por dos huérfanos solitarios y por una turba de presencias que parecen tutelarlos; dos bandas juveniles de un barrio popular que viven la pasión por el fútbol y una rivalidad a muerte; un pirata sanguinario que pasa a cuchillo a toda la tripulación de un buque flamenco, salvo a una dama de gran belleza y a su no menos apuesto marido; un viejo poeta que rememora en su lecho de muerte sus desatinadas ambiciones y los errores que lo han llevado a morir en la miseria, y un escritor capaz de prever en sus novelas hechos reales que no han ocurrido aún...

Desde el género gótico y el de aventuras, hasta la narración realista y acaso autobiográfica, pasando por el cuento humorístico y el de inspiración histórica, *Acuérdate de mis ojos* reúne un puñado de magníficos relatos que exploran, una a una, todas las variantes del género y acreditan una vez más la versatilidad y maestría del autor de *Amarilis* y *El cielo a dentelladas*.

Visitas después de hora

Mempo Giardinelli

Un hombre yace en coma profundo en un hospital de Buenos Aires. Una de sus hijas permanece a su lado durante muchas noches y le habla con la esperanza de que todavía pueda oírle. Entre recuerdos y reproches, con una sinceridad que nunca antes se había permitido, la muchacha va desgranando los conflictos familiares, los rencores acumulados y la adoración que le sigue profesando pese al abandono cuando ella era sólo una adolescente.

Al testimonio de esa hija, de nombre Flora, se añaden los de sus hermanas, criadas como ella en México pero afincadas ahora en Nueva York, e incluso el de su madre, casada con un empresario norteamericano. Flora también espía las cartas apasionadas que una antigua amante le mandó a su padre cuando él era un hombre esplendoroso. Pero ese hombre es ahora sólo un cuerpo silencioso rodeado de las confidencias y nostalgias de múltiples voces.

Mempo Giardinelli ofrece en *Visitas después de hora* una fascinante galería de mujeres, retratadas desde dentro con la maestría de sus novelas más memorables, particularmente *Santo Oficio de la Memoria*, con la que en 1993 ganó el prestigioso Premio Rómulo Gallegos.